Kuchnia przeciwzapalna

Książka kucharska dla osób chcących zredukować stany zapalne w organizmie i poprawić swoje samopoczucie

Magdalena Zdrowie

SPIS TREŚCI

Faszerowane ciasteczka Porcje śniadaniowe: 10 17
Składniki: 17
Adresy: 17
Słodkie ziemniaki faszerowane jajkiem Porcje: 1 19
Składniki: 19
Adresy: 19
Surowa nocna owsianka Porcje: 1 21
Składniki: 21
Adresy: 21
Kremowe miseczki ze słodkich ziemniaków Porcje: 2 22
Składniki: 22
Adresy: 22
Czekoladowe Porcje Kurkumy 24
Porcje: 2 24
Składniki: 24
Adresy: 24
Szybkie i pikantne jajka energetyczne Porcje: 1 26
Składniki: 26
Adresy: 26
Suflet z serem cheddar i szczypiorkiem Liczba porcji: 8 28
Składniki: 28
Adresy: 29
Gryczane naleśniki z mlekiem waniliowym i migdałami 30
Porcje: 1 30

Składniki: 30

Adresy: 30

Kieliszki do jajek ze szpinakiem i fetą 32

Porcje: 3 32

Składniki: 32

Adresy: 32

Frittata 34

Porcje: 2 34

Składniki: 34

Adresy: 34

Miska Burrito z Kurczaka Quinoa 35

Porcje: 6 35

Składniki: 35

Adresy: 36

Tosty Jajkowe Avo Porcje: 3 37

Składniki: 37

Adresy: 37

Migdałowe porcje owsiane Porcje: 2 38

Składniki: 38

Adresy: 38

Naleśniki Choco-nana Porcje: 2 39

Składniki: 39

Adresy: 39

Batony owsiane ze słodkich ziemniaków Porcje: 6 41

Składniki: 41

Adresy: 42

Porcje Easy Hash Browns: 3 44

Składniki: 44

Adresy: 44

Frittata z pieczarkami i szparagami Porcje: 1 46

Składniki: 46

Adresy: 46

Zapiekanka z francuskimi tostami w powolnej kuchence Porcje: 9 48

Składniki: 48

Adresy: 49

Indyk z kiełbasą szałwiowo-tymiankową Porcje: 4 50

Składniki: 50

Adresy: 50

Koktajl Wiśniowo-Szpinakowy Porcje: 1 52

Składniki: 52

Adresy: 52

Ziemniaki śniadaniowe Ilość porcji: 2 53

Składniki: 53

Adresy: 53

Błyskawiczne porcje płatków owsianych i bananów 54

Porcje: 1 54

Składniki: 54

Adresy: 54

Bananowo-migdałowe smoothie Porcje: 1 56

Składniki: 56

Adresy: 56

Czekoladowe batony energetyczne Chia bez pieczenia Porcje: 14 57

Składniki: 57

Adresy: 57

Owocowa miska śniadaniowa z siemienia lnianego Porcje: 1 59

   Składniki: 59

   Adresy: 60

Płatki śniadaniowe wolnowarowe Porcje: 8 61

   Składniki: 61

   Adresy: 61

Porcje pełnoziarnistego chleba żytniego 63

   Porcje: 12 63

   Składniki: 63

   Adresy: 64

Malinowo-kokosowy budyń chia Porcje: 4 66

   Składniki: 66

   Adresy: 66

Weekendowa sałatka śniadaniowa Liczba porcji: 4 67

   Składniki: 67

   Adresy: 68

Pyszny wegetariański tandetny ryż z brokułami i kalafiorem 69

   Składniki: 69

   Adresy: 70

Śródziemnomorskie porcje tostów 71

   Porcje: 2 71

   Składniki: 71

   Adresy: 71

Śniadaniowa sałatka ze słodkich ziemniaków Liczba porcji: 2 73

   Składniki: 73

   Adresy: 73

Filiżanki Mock Breakfast Hash Brown Porcje: 8 74

Składniki: 74

Adresy: 74

Omlet ze szpinakiem i pieczarkami 76

Porcje: 2 76

Składniki: 76

Adresy: 76

Wrapy Sałatowe Z Kurczakiem I Warzywami Porcje: 2 78

Składniki: 78

Adresy: 79

Kremowa miska bananowo-cynamonowa 80

Porcje: 1 80

Składniki: 80

Dobra fasola z żurawiną i cynamonem Porcje: 2 81

Składniki: 81

Adresy: 81

Omlet śniadaniowy Porcje: 2 83

Składniki: 83

Adresy: 83

Pełnoziarnisty chleb kanapkowy Ilość porcji: 12 84

Składniki: 84

Adresy: 84

Rozdrobnione Gyros z Kurczaka 86

Składniki: 86

Adresy: 87

Zupa ze słodkich ziemniaków Porcje Porcje: 6 88

Składniki: 88

Adresy: 88

Składniki na miseczki z quinoa burrito: 90

Adresy: 91

Broccolini Z Migdałami Porcje: 6 92

Składniki: 92

Adresy: 92

Składniki na danie z quinoa: 94

Adresy: 94

Sałatka jajeczna dla zdrowego odżywiania 96

Porcje: 2 96

Składniki: 96

Adresy: 96

Porcje Chili z Białej Fasoli 98

Porcje: 4 98

Składniki: 98

Adresy: 99

Cytrynowe porcje tuńczyka 100

Porcje: 4 100

Składniki: 100

Adresy: 100

Tilapia Ze Szparagami I Dynią Żołędziową Porcje: 4 102

Składniki: 102

Adresy: 102

Pieczemy kurczaka z oliwkami, pomidorami i bazylią 104

Składniki: 104

Adresy: 104

Ratatuj Porcje: 8 106

Składniki: 106

Adresy: 106

Zupa z klopsikami z kurczaka Porcje: 4 108

Składniki: 108

Adresy: 109

Sałatka Z Surówek I Pomarańczy Z Cytrusowym Vinaigrette 110

Składniki: 110

Adresy: 111

Tempeh z warzywami korzeniowymi Porcje: 4 112

Składniki: 112

Adresy: 112

Porcje zielonej zupy: 2 114

Składniki: 114

Adresy: 115

Składniki na Chleb Pepperoni: 116

Adresy: 117

Gazpacho z buraków Porcje: 4 118

Składniki: 118

Adresy: 118

Pikantne brokuły, kalafior i tofu z czerwoną cebulą 120

Składniki: 120

Adresy: 121

fasola i łosoś 122

Porcje: 4 122

Składniki: 122

Adresy: 123

porcje zupy marchewkowej 124

Porcje: 4 124

Składniki: 124

Adresy: 125

Porcje zdrowej sałatki z makaronem 126

Porcje: 6 126

Składniki: 126

Adresy: 126

Porcje curry z ciecierzycy 128

Porcje: 4 128

Składniki: 128

Adresy: 129

Strogonow z mielonej wołowiny Składniki: 131

Adresy: 131

Porcje żeberka z sosem 133

Porcje: 4 133

Składniki: 133

Adresy: 134

Bezglutenowa Zupa Z Kurczaka Z Makaronem 135

Porcje: 4 135

Składniki: 135

Porcje curry z soczewicy 137

Porcje: 4 137

Składniki: 137

Adresy: 138

Smażony Kurczak I Groch 140

Porcje: 4 140

Składniki: 140

Adresy: 141

Soczyste brokuły z anchois i migdałami Porcje: 6 142

Składniki: 142

Adresy: 142

Paszteciki z shiitake i szpinakiem 144

Porcje: 8 144

Składniki: 144

Adresy: 145

Sałatka Z Brokułów I Kalafiora 146

Porcje: 6 146

Składniki: 146

Adresy: 147

Chińska sałatka z kurczakiem 149

Porcje: 3 149

Składniki: 149

Adresy: 150

Papryka faszerowana komosą ryżową i amarantusem Porcje: 4 152

Składniki: 152

Filet rybny w chrupiącej panierce z sera Porcje: 4 153

Składniki: 154

Adresy: 154

Białkowe fasole i zielone nadziewane muszle 156

Składniki: 156

Składniki na azjatycką sałatkę z makaronem: 159

Adresy: 159

Porcje łososia i zielonej fasoli 161

Porcje: 4 161

Składniki: 161

Adresy: 162

Składniki na kurczaka faszerowanego serem: 163

Adresy: 164

Rukola z dressingiem z gorgonzoli 165

Porcje: 4 165

Składniki: 165

Adresy: 165

porcje zupy z kapusty 167

Porcje: 6 167

Składniki: 167

Porcje ryżu kalafiorowego 168

Porcje: 4 168

Składniki: 168

Adresy: 168

Porcje szpinaku i feta frittata 170

Porcje: 4 170

Składniki: 170

Adresy: 170

Naklejki z pieczonego kurczaka Składniki: 172

Adresy: 173

Krewetki czosnkowe z grysem kalafiorowym Porcje: 2 173

Składniki: 174

Adresy: 174

Tuńczyk z brokułami 176

Porcje: 1 176

Składniki: 176

Adresy: 176

Zupa z krewetek z dyni piżmowej Porcje: 4 178

Składniki: 178

Adresy: 179

Pikantne pieczone kulki z indyka Porcje: 6 180

Składniki: 180

Adresy: 180

Porcje jasnej zupy z małży 182

Porcje: 4 182

Składniki: 182

Adresy: 183

Porcje ryżu i kurczaka w garnku 184

Porcje: 4 184

Składniki: 184

Adresy: 185

Smażone krewetki Jambalaya Jumble Liczba porcji: 4 187

Składniki: 187

Chili Porcje Kurczaka 189

Porcje: 6 189

Składniki: 189

Adresy: 190

Porcje zupy z czosnku i soczewicy 191

Porcje: 4 191

Składniki: 191

Ostra Cukinia I Kurczak W Klasycznym Santa Fe Stir-Fry 193

Składniki: 193

Adresy: 194

Tilapia tacos z imponującą sałatką z imbiru i sezamu 195

Składniki: 195

Adresy: 196

Gulasz z soczewicy curry 197

Porcje: 4 197

Składniki: 197

Adresy: 198

Sałatka Caesar z Jarmużem Z Grillowanym Kurczakiem Wrap 199

Porcje: 2 199

Składniki: 199

Adresy: 200

Sałatka z fasoli i szpinaku Porcje: 1 201

Składniki: 201

Adresy: 201

Łosoś w panierce z orzechami włoskimi i rozmarynem Porcje: 6 202

Składniki: 202

Adresy: 203

Pieczone Bataty Z Czerwonym Sosem Tahini Porcje: 4 204

Składniki: 204

Adresy: 205

Porcje włoskiej letniej zupy z dyni 206

Porcje: 4 206

Składniki: 206

Adresy: 207

Porcje zupy szafranowo-łososiowej 208

Porcje: 4 208

Składniki: 208

Pikantno-Kwaśna Zupa Pieczarkowa z Krewetkami o Tajskim Smaku 210

Składniki: 210

Adresy: 211

Orzo z suszonymi pomidorami Składniki: 213

Adresy: 213

Porcje zupy pieczarkowo-buraczkowej 214

Porcje: 4 214

Składniki: 215

Adresy: 215

Klopsiki z kurczaka z parmezanem Składniki: 217

Adresy: 217

Pulpety Alla Parmigiana Składniki: 219

Adresy: 220

Chleb Z Piersi Indyka Z Zapiekanymi Warzywami 221

Składniki: 221

Adresy: 221

Faszerowane ciasteczka Porcje śniadaniowe: 10

Czas gotowania: 30 minut

Składniki:

1 łyżka oleju roślinnego

¼ funta kiełbasy z indyka

2 ubite jajka

pieprz do smaku

10 uncji ciastka chłodzone

spray do gotowania

Adresy:

1. Na patelni na średnim ogniu wlej olej i smaż kiełbasę przez 5 minuty.

2. Przełożyć do miski i odstawić.

3. Ugotuj jajka na patelni i dopraw pieprzem.

4. Dodaj jajka do miski z kiełbasą.

5. Włóż ciasto do frytkownicy.

6. Na wierzchu posmaruj jajkiem i kiełbasą.

7. Złożyć i uszczelnić.

8. Spryskaj olejem.

9. Smażyć w głębokim tłuszczu w temperaturze 325 stopni F przez 8 minut.

10. Odwróć i gotuj przez kolejne 7 minut.

Słodkie ziemniaki faszerowane jajkiem Porcje: 1

Czas gotowania: 25 minut

Składniki:

Słodki ziemniak, gotowany - 1

Jajka, duże - 2

Ser Cheddar, tarty - 2 łyżki

Zielona cebula, pokrojona w plasterki - 1

Oliwa z oliwek z pierwszego tłoczenia - 0,5 łyżki stołowej

Pieczarki pokrojone w kostkę - 2

Sól morska - 0,25 łyżeczki

Adresy:

1. Rozgrzej piekarnik do 350 stopni Fahrenheita i przygotuj małą blachę do pieczenia lub talerz na ziemniaki.

2. Ugotowanego słodkiego ziemniaka przekroić na pół i ułożyć na blasze do pieczenia. Za pomocą łyżki ostrożnie wyjmij miąższ z pomarańczy ze skórki, uważając, aby skórka pozostała nienaruszona i nie pękła. Pulpę

ziemniaczaną przełożyć do małej miski. Za pomocą widelca rozdrobnij miąższ słodkiego ziemniaka w misce.

3. Do słodkich ziemniaków w misce dodaj ser cheddar, zieloną cebulę, oliwę z oliwek i grzyby. Połącz mieszaninę, a następnie umieść ją z powrotem w skórce ze słodkich ziemniaków na blasze do pieczenia.

4. Łyżką zrób w środku każdej połówki ziemniaka dołek lub zagłębienie, a następnie wbij do niego jajko. Posyp solą morską słodkiego ziemniaka i jajko.

5. Umieść blachę do pieczenia z ziemniakami w piekarniku i piecz, aż jajko się zetnie, a ziemniak będzie gorący, około piętnastu do dwudziestu minut. Wyjmij tacę z piekarnika i ciesz się świeżymi i gorącymi.

Surowa nocna owsianka Porcje: 1

Składniki:

1 ½ szklanki niskotłuszczowego mleka

5 kawałków całych migdałów

1 łyżeczka nasion chia

2 łyżki owsa

1 łyżeczka nasion słonecznika

1 łyżka stołowa. rodzynki

Adresy:

1. W słoiku lub butelce z pokrywką wymieszaj wszystkie składniki.

2. Przechowywać w lodówce przez noc.

3. Ciesz się śniadaniem. W lodówce wytrzyma do 3 dni.

Informacje żywieniowe:Kalorie: 271, Tłuszcz: 9,8 g, Węglowodany: 35,4 g, Białko: 16,7

g, cukry: 9 g, sód: 97 mg

Kremowe miseczki ze słodkich ziemniaków

Porcje: 2

Czas gotowania: 7 minut

Składniki:

Słodki ziemniak, pieczony - 2

Mleko migdałowe, niesłodzone - 0,5 szklanki

Cynamon, mielony - 0,25 łyżeczki

Ekstrakt waniliowy - 0,5 łyżeczki

Siemię lniane, mielone - 1 łyżka

Pasta daktylowa - 1 łyżka

Masło migdałowe - 2 łyżki

Jagody - 0,5 szklanki

Adresy:

1. Chcesz, aby twoje pieczone słodkie ziemniaki były gorące, więc jeśli były wcześniej upieczone i schłodzone, podgrzej ugotowane słodkie ziemniaki w kuchence mikrofalowej lub piekarniku przed przygotowaniem misek.

2. Zdejmij skórkę ze słodkiego ziemniaka i umieść miąższ ziemniaka w blenderze wraz ze wszystkimi innymi składnikami w misce ze słodkimi ziemniakami oprócz jagód. Pulsuj, aż będzie gładki i kremowy, około trzydzieści sekund, a następnie przenieś zawartość do dużej miski. Udekoruj miskę jagodami i, w razie potrzeby, odrobiną mleka migdałowego. Możesz nawet dodać trochę granoli, orzechów lub nasion, jeśli chcesz chrupać.

Czekoladowe Porcje Kurkumy

Porcje: 2

Czas gotowania: 5 minut

Składniki:

1 szklanka niesłodzonego mleka kokosowego

2 łyżeczki roztopionego oleju kokosowego

1½ łyżki kakao w proszku

1 łyżeczka mielonej kurkumy

Szczypta czarnego pieprzu

Szczypta pieprzu cayenne

2 łyżeczki surowego miodu

Adresy:

1. Do rondelka wlej mleko, podgrzej na średnim ogniu, dodaj olej, kakao, kurkumę, pieprz czarny, cayenne i miód. Dobrze ubij, gotuj przez 5 minut, wlej do kubka i podawaj.

2. Ciesz się!

Informacje żywieniowe:Kalorie 281, Tłuszcz 12, Błonnik 4, Węglowodany 12, Białko 7

Szybkie i pikantne jajka energetyczne Porcje: 1

Czas gotowania: 3 minuty

Składniki:

1 łyżka mleka

1 łyżeczka stopionego masła

2 jajka

Szczypta ziół i przypraw: suszony koperek, suszone oregano, suszona pietruszka, suszony tymianek, czosnek w proszku.

Adresy:

1. Rozgrzej piekarnik do 325 ° F. W międzyczasie pokryj spód blachy do pieczenia mlekiem i masłem.

2. Delikatnie wbij jajka do mleka i masła. Posyp jajka suszonymi ziołami i czosnkiem w proszku.

3. Włóż blachę do piekarnika. Piecz przez 3 minuty lub do momentu, aż jajka się zetną.

Informacje żywieniowe:Kalorie 177 Tłuszcz: 5,9 g Białko: 8,8 g Sód: 157 mg Węglowodany ogółem: 22,8 g Błonnik pokarmowy: 0,7 g

Suflet z serem cheddar i szczypiorkiem Liczba porcji: 8

Czas gotowania: 25 minut

Składniki:

½ szklanki mąki migdałowej

¼ szklanki posiekanego szczypiorku

1 łyżeczka soli

½ łyżeczki gumy ksantanowej

1 łyżeczka mielonej musztardy

¼ łyżeczki pieprzu cayenne

½ łyżeczki mielonego czarnego pieprzu

¾ szklanki gęstej śmietany

2 szklanki startego sera cheddar

½ szklanki proszku do pieczenia

6 ekologicznych jaj, oddzielone

Adresy:

1. Włącz piekarnik, a następnie ustaw temperaturę na 350°F i pozwól mu się rozgrzać.

2. Weź średnią miskę, dodaj mąkę, dodaj pozostałe składniki oprócz proszku do pieczenia i jajek i ubijaj tylko do połączenia.

3. Rozdzielić żółtka i białka do dwóch misek, dodać żółtka do mąki i ubijać do połączenia.

4. Dodaj proszek do pieczenia do białek jaj i ubij mikserem elektrycznym, aż utworzą się sztywne szczyty, a następnie dodaj białka jaj do mieszanki mąki, aż dobrze się połączą.

5. Rozłóż ciasto równomiernie na osiem blach, a następnie piecz przez 25 minut, aż się zetnie.

6. Podawaj natychmiast lub przechowuj w lodówce do czasu spożycia.

Informacje żywieniowe:Kalorie 288, Tłuszcz ogółem 21 g, Węglowodany ogółem 3 g, Białko 14 g

Gryczane naleśniki z mlekiem waniliowym i migdałami

Porcje: 1

Składniki:

½ szklanki niesłodzonego mleka migdałowego waniliowego

2-4 opakowania naturalnego słodzika

1/8 łyżeczki soli

½ szklanki mąki gryczanej

½ łyżeczki proszku do pieczenia o podwójnym działaniu

Adresy:

1. Przygotuj nieprzywierającą patelnię do naleśników i spryskaj ją sprayem do gotowania, umieść na średnim ogniu.

2. Wymieszaj mąkę gryczaną, sól, proszek do pieczenia i stewię w małej misce, a następnie dodaj mleko migdałowe.

3. Na patelni umieść dużą łyżkę ciasta, smaż, aż na wierzchu przestaną pojawiać się bąbelki, a cała powierzchnia będzie sucha i (2-4 minuty).

Odwróć i smaż przez kolejne 2-4 minuty. Powtórz z całym pozostałym ciastem.

Informacje żywieniowe:Kalorie: 240, Tłuszcz: 4,5 g, Węglowodany: 2 g, Białko: 11 g, Cukry: 17 g, Sód: 67 mg

Kieliszki do jajek ze szpinakiem i fetą

Porcje: 3

Czas gotowania: 25 minut

Składniki:

Jajka, duże - 6

Czarny pieprz, mielony - 0,125 łyżeczki

Proszek cebulowy - 0,25 łyżeczki

Czosnek w proszku - 0,25 łyżeczki

Ser feta - 0,33 szklanki

szpinak dziecięcy - 1,5 szklanki

Sól morska - 0,25 łyżeczki

Adresy:

1. Rozgrzej piekarnik do 350 stopni Fahrenheita, umieść ruszt na środku piekarnika i nasmaruj formę na muffiny.

2. Rozłóż szpinak baby i fetę na dnie dwunastu foremek na muffiny.

3. W misce wymieszaj jajka, sól morską, czosnek w proszku, cebulę w proszku i czarny pieprz, aż białko jaja całkowicie rozpadnie się na żółtko. Wlej jajko do szpinaku i sera w foremkach na muffinki, wypełniając je w trzech czwartych. Umieść naczynie do pieczenia w piekarniku, aż jajka całkowicie się zetną, około osiemnastu do dwudziestu minut.

4. Wyjmij pucharki ze szpinakiem i jajkiem feta z piekarnika i podawaj na ciepło lub pozwól jajom całkowicie ostygnąć do temperatury pokojowej przed schłodzeniem.

Frittata

Porcje: 2

Czas gotowania: 20 minut

Składniki:

1 posiekana cebula

2 łyżki posiekanej czerwonej papryki

¼ funta śniadaniowej kiełbasy z indyka, ugotowanej i rozdrobnionej 3 jajka, ubite

Szczypta pieprzu cayenne

Adresy:

1. Wymieszaj wszystkie składniki w misce.

2. Wlej do małej formy do pieczenia.

3. Dodaj blachę do pieczenia do koszyka frytownicy.

4. Gotuj we frytkownicy przez 20 minut.

Miska Burrito z Kurczaka Quinoa

Porcje: 6

Czas gotowania: 5 godzin.

Składniki:

1 funt uda z kurczaka (bez skóry, bez kości)

1 szklanka bulionu z kurczaka

1 puszka pokrojonych w kostkę pomidorów (14,5 uncji)

1 posiekana cebula)

3 ząbki czosnku (posiekane)

2 łyżeczki chili w proszku

½ łyżeczki kolendry

½ łyżeczki czosnku w proszku

1 papryka (drobno posiekana)

15 uncji fasoli pinto (odsączonej)

1 ½ szklanki sera cheddar (startego)

Adresy:

1. Połącz kurczaka, pomidory, bulion, cebulę, czosnek, chili w proszku, czosnek w proszku, kolendrę i sól. Postaw garnek na małym ogniu.

2. Wyjmij kurczaka i rozdrobnij go widelcem i nożem.

3. Ponownie włóż kurczaka do wolnowaru i dodaj komosę ryżową oraz fasolę pinto.

4. Postaw garnek na małym ogniu na 2 godziny.

5. Dodaj ser na wierzchu i kontynuuj gotowanie, delikatnie mieszając, aż ser się rozpuści.

6. Serwuj.

<u>Informacje żywieniowe:</u>Kalorie 144 mg Tłuszcz ogółem: 39 g Węglowodany: 68 g Białko: 59 g Cukier: 8 g Błonnik: 17 g Sód: 756 mg Cholesterol: 144 mg

Tosty Jajkowe Avo Porcje: 3

Czas gotowania: 0 minut

Składniki:

1½ łyżeczki ghee

1 kromka tostowego chleba bezglutenowego

½ awokado, pokrojone w cienkie plasterki

garść szpinaku

1 jajecznica lub jajko w koszulce

Szczypta płatków czerwonej papryki

Adresy:

1. Rozsmaruj ghee na opiekanym chlebie. Na wierzchu ułóż plastry awokado i liście szpinaku. Na wierzchu ułożyć jajecznicę lub jajko w koszulce. Wykończ dekorację posypując płatkami czerwonej papryki.

Informacje żywieniowe:Kalorie 540 Tłuszcz: 18 g Białko: 27 g Sód: 25 mg Węglowodany ogółem: 73,5 g Błonnik pokarmowy: 6 g

Migdałowe porcje owsiane Porcje: 2

Czas gotowania: 0 minut

Składniki:

1 szklanka staromodnego owsa

½ szklanki mleka kokosowego

1 łyżka syropu klonowego

¼ szklanki jagód

3 łyżki posiekanych migdałów

Adresy:

1. W misce wymieszaj płatki owsiane z mlekiem kokosowym, syropem klonowym i migdałami. Przykryj i pozostaw na noc. Podawać następnego dnia.

2. Ciesz się!

Informacje żywieniowe:Kalorie 255, tłuszcz 9, błonnik 6, węglowodany 39, białko 7

Naleśniki Choco-nana Porcje: 2

Czas gotowania: 6 minut

Składniki:

2 duże banany, obrane i rozgniecione

2 duże jajka, odchowane na pastwisku

3 łyżki kakao w proszku

2 łyżki masła migdałowego

1 łyżeczka czystego ekstraktu waniliowego

1/8 łyżeczki soli

olej kokosowy do posmarowania

Adresy:

1. Rozgrzej patelnię na średnim ogniu i posmaruj ją olejem kokosowym.

2. Umieść wszystkie składniki w robocie kuchennym i zmiksuj na gładko.

3. Wlej ciasto (około ¼ szklanki) na patelnię i uformuj naleśnik.

4. Smaż przez 3 minuty z każdej strony.

Informacje żywieniowe:Kalorie 303 Tłuszcz ogółem 17 g Tłuszcze nasycone 4 g Węglowodany ogółem 36 g Węglowodany netto 29 g Białko 5 g Cukier: 15 g Błonnik: 5 g Sód: 108 mg Potas 549 mg

Batony owsiane ze słodkich ziemniaków Porcje: 6

Czas gotowania: 35 minut

Składniki:

Słodkie ziemniaki, gotowane, puree - 1 szklanka

Mleko migdałowe, niesłodzone - 0,75 szklanki

Jajko - 1

Pasta daktylowa - 1,5 łyżki stołowej

Ekstrakt waniliowy - 1,5 łyżeczki

Soda oczyszczona - 1 łyżeczka

Cynamon, mielony - 1 łyżeczka

Mielone goździki - 0,25 łyżeczki

Mielona gałka muszkatołowa - 0,5 łyżeczki

Imbir, mielony - 0,5 łyżeczki

Siemię lniane, mielone - 2 łyżki

Białko w proszku - 1 porcja

Mąka kokosowa - 0,25 szklanki

Płatki owsiane - 1 szklanka

Suszony kokos, niesłodzony - 0,25 szklanki

Orzechy włoskie, posiekane - 0,25 szklanki

Adresy:

1. Rozgrzej piekarnik do 375 stopni Fahrenheita i wyłóż kwadratowe naczynie do pieczenia o wymiarach osiem na osiem cali pergaminem. Powinieneś zostawić trochę papieru pergaminowego wiszącego nad bokami patelni, aby uniósł się po upieczeniu batonów.

2. W blenderze stojącym dodaj wszystkie składniki batatów i batonów owsianych oprócz suszonego kokosa i posiekanych orzechów włoskich.

Pozwól mieszance mieszać przez kilka chwil, aż mieszanina będzie gładka, a następnie zatrzymaj blender. Może być konieczne zeskrobanie boków blendera, a następnie ponowne zmiksowanie.

3. Wlej kokos i orzechy włoskie do ciasta, a następnie wymieszaj szpatułką. Nie mieszaj ponownie mieszanki, ponieważ nie chcesz, aby te kawałki się połączyły. Wlej mieszankę słodkich ziemniaków i batonów owsianych do przygotowanej formy i rozprowadź.

4. Umieść talerz batonika owsianego ze słodkich ziemniaków na środku piekarnika i piecz, aż batony się zetną, około dwudziestu dwóch.

dwadzieścia pięć minut. Wyjmij patelnię z piekarnika. Umieść kratkę chłodzącą obok naczynia do pieczenia, a następnie delikatnie umieść pergamin na półce i ostrożnie podnieś go z talerza i umieść na kratce do ostygnięcia. Pozwól batonikom z płatków owsianych i słodkich ziemniaków całkowicie ostygnąć przed krojeniem.

Porcje Easy Hash Browns: 3

Czas gotowania: 35 minut

Składniki:

Rozdrobnione frytki, mrożone - 1 funt

Jaja - 2

Sól morska - 0,5 łyżeczki

Czosnek w proszku - 0,5 łyżeczki

Proszek cebulowy - 0,5 łyżeczki

Czarny pieprz, mielony - 0,125 łyżeczki

Oliwa z oliwek z pierwszego tłoczenia - 1 łyżka

Adresy:

1. Zacznij od podgrzania gofrownicy.

2. W misce kuchennej wymieszaj jajka, aby je rozbić, a następnie dodaj pozostałe składniki. Złóż je wszystkie razem, aż ziemniak będzie równomiernie pokryty jajkiem i przyprawami.

3. Nasmaruj gofrownicę i rozsmaruj na niej jedną trzecią mieszanki cebuli. Zamknij i pozwól ziemniakom gotować się w środku na złoty kolor, około

dwunastu do piętnastu minut. Po ostygnięciu delikatnie usuń cebulkę widelcem, a następnie kontynuuj gotowanie kolejnej jednej trzeciej mieszanki, a następnie ostatniej trzeciej.

4. Ugotowane placki ziemniaczane możesz przechowywać w lodówce, a następnie podgrzać je w gofrownicy lub w piekarniku, aby później znów były chrupiące.

Frittata z pieczarkami i szparagami Porcje: 1

Czas na gotowanie:

Składniki:

Jaja - 2

szparagi - 5

Woda - 1 łyżka stołowa

Oliwa z oliwek z pierwszego tłoczenia - 1 łyżka

Pieczarki pokrojone w plastry - 3

Sól morska - szczypta

Posiekana zielona cebula - 1

Ser kozi, półmiękki - 2 łyżki

Adresy:

1. Rozgrzej piekarnik do wrzenia podczas przygotowywania frittaty. Przygotuj warzywa, odrzucając twarde końce szparagów, a następnie pokrój łodygi na małe kawałki.

2. Nasmaruj 7- do 8-calową bezpieczną patelnię do piekarnika i umieść ją na średnim ogniu. Dodaj grzyby i smaż je przez dwie minuty, po czym dodaj

szparagi i gotuj jeszcze przez dwie minuty. Po zakończeniu smażenia równomiernie rozłóż warzywa na dnie patelni.

3. W małej misce wymieszaj jajka, wodę i sól morską, a następnie zalej smażone warzywa. Frittatę posyp posiekaną zieloną cebulą i pokruszonym kozim serem.

4. Niech patelnia nadal gotuje się na płycie kuchennej w ten sposób bez przeszkód, aż jajecznica z frittaty zacznie osiadać na brzegach i odchodzić od ścianek patelni. Ostrożnie podnieś patelnię i obracaj ją delikatnym ruchem okrężnym, aby jajko równomiernie się ugotowało.

5. Przenieś frittatę do piekarnika i piecz pod kalderą, aż jajko będzie całkowicie ugotowane, czyli kolejne dwie do trzech minut. Uważnie obserwuj jajko do swojej frittaty, aby się nie rozgotowało. Zaraz po upieczeniu wyjmij frittatę z piekarnika, przełóż frittatę na talerz i delektuj się ciepłą.

Zapiekanka z francuskimi tostami w powolnej kuchence Porcje: 9

Czas gotowania: 4 godziny.

Składniki:

2 jajka

2 białka jaj

1 ½ mleka migdałowego lub 1% mleka

2 łyżki surowego miodu

1/2 łyżeczki cynamonu

1 łyżeczka ekstraktu waniliowego

9 kromek chleba

Wypełnić:

3 szklanki jabłek (pokrojonych w kostkę)

2 łyżki surowego miodu

1 łyżka soku z cytryny

1/2 łyżeczki cynamonu

1/3 szklanki orzechów włoskich

Adresy:

1. Umieść pierwsze sześć produktów w misce i wymieszaj.

2. Nasmaruj wolnowar za pomocą sprayu zapobiegającego przywieraniu.

3. Połącz wszystkie składniki nadzienia w małej misce i odłóż na bok. Nadzieniem dobrze przykryć kawałki jabłek.

4. Kromki chleba przekroić na pół (trójkąt), następnie ułożyć na spodzie trzy plasterki jabłka i trochę opiłować. Ułóż kromki chleba i nadzienie według tego samego wzoru.

5. Nałożyć masę jajeczną na warstwy chleba i farsz.

6. Postaw garnek na dużym ogniu na 2 ½ godziny lub na małym ogniu na 4 godziny.

Informacje żywieniowe:Kalorie 227 Tłuszcz ogółem: 7 g Węglowodany: 34 g Białko: 9 g Cukier: 19 g Błonnik: 4 g Sód: 187 mg

Indyk z kiełbasą szałwiowo-tymiankową Porcje: 4

Czas gotowania: 25 minut

Składniki:

1 funt mielonego indyka

½ łyżeczki cynamonu

½ łyżeczki czosnku w proszku

1 łyżeczka świeżego rozmarynu

1 łyżeczka świeżego tymianku

1 łyżeczka soli morskiej

2 łyżeczki świeżej szałwii

2 łyżki oleju kokosowego

Adresy:

1. Dodaj wszystkie składniki oprócz oleju do miski.

Wstawić do lodówki na noc lub na 30 minut.

2. Wlej olej do mieszanki. Z powstałej masy uformować cztery placki.

3. Na lekko naoliwionej patelni ustawionej na średnim ogniu smaż kotlety przez 5 minut z każdej strony lub do momentu, gdy ich środkowa część nie będzie już różowa. Możesz je również ugotować, piecząc w piekarniku przez 25

minuty w temperaturze 400°F.

Informacje żywieniowe:Kalorie 284 Tłuszcz: 9,4 g Białko: 14,2 g Sód: 290 mg Węglowodany ogółem: 36,9 g Błonnik pokarmowy: 0,7 g

Koktajl Wiśniowo-Szpinakowy Porcje: 1

Czas gotowania: 0 minut

Składniki:

1 szklanka zwykłego kefiru

1 szklanka mrożonych wiśni, bez pestek

½ szklanki liści szpinaku baby

¼ szklanki rozgniecionego dojrzałego awokado

1 łyżka masła migdałowego

1 kawałek obranego imbiru (1/2 cala)

1 łyżeczka nasion chia

Adresy:

1. Umieść wszystkie składniki w blenderze. Pulsuj, aż będzie gładkie.

2. Schłodzić w lodówce przed podaniem.

Informacje żywieniowe:Kalorie 410 Tłuszcz ogółem 20 g Węglowodany ogółem 47 g Węglowodany netto 37 g Białko 17 g Cukier 33 g Błonnik: 10 g Sód: 169 mg

Ziemniaki śniadaniowe Ilość porcji: 2

Czas gotowania: 15 minut

Składniki:

5 ziemniaków, pokrojonych w kostkę

1 łyżka oleju

½ łyżeczki czosnku w proszku

¼ łyżeczki pieprzu

½ łyżeczki wędzonej papryki

Adresy:

1. Rozgrzej frytkownicę do 400 stopni F przez 5 minut.

2. Wrzuć ziemniaki do oleju.

3. Dopraw czosnkiem w proszku, pieprzem i papryką.

4. Dodaj ziemniaki do kosza frytkownicy.

5. Gotuj we frytkownicy przez 15 minut.

Błyskawiczne porcje płatków owsianych i bananów

Porcje: 1

Składniki:

1 dojrzały babka zmiażdżona

½ szklanki wody

½ szklanki szybkich płatków owsianych

Adresy:

1. Odmierz płatki owsiane i wodę do miski przeznaczonej do użytku w kuchence mikrofalowej i wymieszaj.

2. Umieść miskę w kuchence mikrofalowej i podgrzewaj na wysokim poziomie przez 2 minuty.

3. Wyjmij miskę z kuchenki mikrofalowej, dodaj rozgniecionego banana i ciesz się.

Informacje żywieniowe:Kalorie: 243, Tłuszcz: 3 g, Węglowodany: 50 g, Białko: 6 g, Cukry: 20 g, Sód: 30 mg

Bananowo-migdałowe smoothie Porcje: 1

Składniki:

1 łyżka stołowa. masło migdałowe

½ szklanki kostek lodu

½ szklanki zapakowanego szpinaku

1 średni obrany i zamrożony banan

1 C. mleko beztłuszczowe

Adresy:

1. W mocnym blenderze zmiksuj wszystkie składniki na gładką i kremową konsystencję.

2. Podawaj i ciesz się.

Informacje żywieniowe:Kalorie: 293, Tłuszcz: 9,8 g, Węglowodany: 42,5 g, Białko: 13,5

g, cukry: 12 g, sód: 111 mg

Czekoladowe batony energetyczne Chia bez pieczenia Porcje: 14

Czas gotowania: 0 minut

Składniki:

1 ½ szklanki zapakowanych i wypestkowanych daktyli

1/szklanka rozdrobnionego niesłodzonego kokosa

1 szklanka surowych orzechów włoskich

1/4 szklanki (35 g) naturalnego kakao w proszku

1/2 szklanki (75 g) całych nasion chia

1/2 szklanki (70g) posiekanej ciemnej czekolady

1/2 szklanki (50g) płatków owsianych

1 łyżeczka czystego ekstraktu waniliowego, opcjonalnie, poprawia smak 1/4 łyżeczki nierafinowanej soli morskiej

Adresy:

1. Zmiksuj daktyle w blenderze, aż powstanie gęsta pasta.

2. Dodać orzechy włoskie i zmiksować.

3. Nałożyć resztę utrwalacza i połączyć do uzyskania gęstej masy.

4. Prostokątną formę do pieczenia wyłóż papierem do pieczenia. Umieść mieszankę mocno na patelni i umieść ją bezpośrednio we wszystkich rogach.

5. Wstaw do zamrażarki na co najmniej kilka godzin do północy.

6. Zdejmij z patelni i pokrój na 14 pasków.

7. Umieść w lodówce lub w hermetycznym pojemniku.

Informacje żywieniowe: Cukier 17 g Tłuszcz: 12 g Kalorie: 234 Węglowodany: 28 g Białko: 4,5 g

Owocowa miska śniadaniowa z siemienia lnianego Porcje: 1

Czas gotowania: 5 minut

Składniki:

Na owsiankę:

¼ szklanki świeżo zmielonego siemienia lnianego

¼ łyżeczki mielonego cynamonu

1 szklanka mleka migdałowego lub kokosowego

1 średni banan, rozgnieciony

Szczypta drobnej soli morskiej

Na polewy:

Borówki, świeże lub rozmrożone

Orzechy włoskie, posiekane na surowo

Czysty syrop klonowy (opcjonalnie)

Adresy:

1. W średnim rondelku ustawionym na średnim ogniu połącz wszystkie składniki na owsiankę. Stale mieszaj przez 5 minut lub do momentu, aż owsianka zgęstnieje i zacznie się gotować.

2. Przenieś ugotowaną owsiankę do miski. Udekoruj dodatkami i skrop odrobiną syropu klonowego, jeśli chcesz, aby było trochę słodsze.

Informacje żywieniowe:Kalorie 780 Tłuszcz: 26 g Białko: 39 g Sód: 270 mg Węglowodany ogółem: 117,5 g

Płatki śniadaniowe wolnowarowe Porcje: 8

Składniki:

4 w. mleko migdałowe

2 opakowania stewii

2 C. owies cięty na stal

1/3 w. posiekane suszone morele

4 w. woda

1/3 w. suszone wiśnie

1 łyżeczka cynamonu

1/3 w. rodzynki

Adresy:

1. W powolnej kuchence dobrze wymieszaj wszystkie składniki.

2. Przykryj i gotuj na wolnym ogniu.

3. Gotuj przez 8 godzin.

4. Możesz to zrobić poprzedniej nocy, aby rano mieć gotowe śniadanie.

Informacje żywieniowe:Kalorie: 158,5, Tłuszcz: 2,9 g, Węglowodany: 28,3 g, Białko: 4,8

g, cukry: 11 g, sód: 135 mg

Porcje pełnoziarnistego chleba żytniego

Porcje: 12

Czas gotowania: 2 godziny, 30 minut

Składniki:

Mąka żytnia - 3 szklanki

Mąka pełnoziarnista - 1 szklanka

Mąka kukurydziana - 0,5 szklanki

Kakao w proszku - 1 łyżka

Aktywne suche drożdże - 1 łyżka stołowa

Nasiona kminku - 2 łyżeczki

Sól morska - 1,5 łyżeczki

Ciepła woda - 1,5 szklanki, podzielona

Pasta daktylowa - 0,25 szklanki, podzielona

Olej z awokado - 1 łyżka

Słodkie ziemniaki, puree - 1 szklanka

Mycie jajek – 1 białko + 1 łyżka wody

Adresy:

1. Przygotuj formę do pieczenia chleba o wymiarach dziewięć na pięć cali, wykładając ją papierem pergaminowym, a następnie lekko natłuszczając.

2. W rondlu połącz jedną szklankę wody z mąką kukurydzianą, aż będzie gorąca i gęsta, około pięciu minut. Pamiętaj, aby ciągle mieszać, gdy się nagrzewa, aby uniknąć grudek. Gdy masa zgęstnieje, zdejmij patelnię z ognia i dodaj pastę daktylową, kakao, kminek i olej z awokado. Odłóż patelnię na bok, aż zawartość ostygnie do letniej.

3. Dodaj pozostałe 1/2 szklanki ciepłej wody do dużego kuchennego naczynia do mieszania wraz z drożdżami, mieszając, aż drożdże się rozpuszczą. Pozostaw tę mieszankę chleba żytniego na około dziesięć minut, aż zakwitnie i utworzy spuchnięte bąbelki.

Najlepiej robić to w ciepłym miejscu.

4. Gdy drożdże zakwitną, dodaj ciepłą mieszaninę mąki kukurydzianej z wodą do naczynia do mieszania wraz z zacierem ze słodkich ziemniaków.

Gdy płyny i ziemniaki się połączą, dodaj mąkę pełnoziarnistą i żytnią. Ugniataj mieszaninę przez dziesięć minut, najlepiej mikserem stojącym i hakiem do ciasta. ciasto jest gotowe

kiedy tworzy spójną, gładką kulę i odsuwa się od brzegów naczynia do miksowania.

5. Zdejmij hak do ciasta i przykryj talerz do mieszania folią lub czystym, wilgotnym ręcznikiem kuchennym. Umieść talerz kuchenny w ciepłym miejscu do wyrośnięcia, aż ciasto podwoi swoją objętość, około godziny.

6. Rozgrzej piekarnik do 375 stopni Fahrenheita, przygotowując bochenek chleba.

7. Uformuj ciasto w ładny kształt kłody i umieść je w przygotowanej brytfannie. Wbij ubite jajko, a następnie użyj pędzla do ciasta, aby delikatnie posmarować wierzch przygotowanego bochenka. W razie potrzeby użyj ostrego noża, aby naciąć chleb, aby uzyskać dekoracyjny wzór.

8. Umieść bochenek na środku gorącego piekarnika i piecz przez około godzinę, aż nabierze pięknego ciemnego koloru i wyda głuchy dźwięk przy dotykaniu. Wyjmij chleb żytni z piekarnika i pozwól mu ostygnąć w formie przez pięć minut, a następnie wyjmij chleb żytni z formy i przenieś chleb na metalową kratkę, aby kontynuować chłodzenie. Nie kroić chleba, dopóki nie będzie całkowicie zimny.

Malinowo-kokosowy budyń chia Porcje: 4

Czas gotowania: 0 minut

Składniki:

¼ szklanki nasion chia

½ łyżki stewii

1 szklanka mleka kokosowego, niesłodzonego, całego

2 łyżki migdałów

¼ szklanki malin

Adresy:

1. Weź dużą miskę, dodaj nasiona chia wraz ze stewią i mlekiem kokosowym, mieszaj do połączenia i wstaw do lodówki na noc, aż zgęstnieje.

2. Wyjmij budyń z lodówki, udekoruj migdałami i jagodami i podawaj.

Informacje żywieniowe:Kalorie 158, tłuszcz ogółem 14,1 g, węglowodany ogółem 6,5 g, białko 2 g, cukier 3,6 g, sód 16 mg

Weekendowa sałatka śniadaniowa Liczba porcji: 4

Czas gotowania: 0 minut

Składniki:

Jajka, cztery na twardo

cytryna, jeden

Rukola, dziesięć filiżanek

Quinoa, jedna filiżanka ugotowana i schłodzona

Oliwa z oliwek, dwie łyżki stołowe

Koper, posiekany, pół szklanki

posiekane migdały, jedna szklanka

Awokado, jedno duże pokrojone w cienkie plasterki

Ogórek, posiekany, pół szklanki

Pomidor, jeden duży pokrojony w kliny

Adresy:

1. Wymieszaj komosę ryżową, ogórek, pomidory i rukolę. Lekko wymieszaj te składniki z oliwą z oliwek, solą i pieprzem. Przełóż i umieść na wierzchu jajko i awokado. Każdą sałatkę posyp migdałami i ziołami. Skropić sokiem z cytryny.

Informacje żywieniowe:Kalorie 336 tłuszczu 7,7 g białka 12,3 g węglowodanów 54,6 g cukru 5,5 g błonnika 5,2 g

Pyszny wegetariański tandetny ryż z brokułami i kalafiorem

Porcje: 2

Czas gotowania: 7 minut

Składniki:

½ szklanki różyczek brokułów w ryżu

1½ szklanki różyczek kalafiora w ryżu

¼ łyżeczki czosnku w proszku

¼ łyżeczki soli

¼ łyżeczki mielonego czarnego pieprzu

1/8 łyżeczki mielonej gałki muszkatołowej

½ łyżki niesolonego masła

1/8 szklanki serka mascarpone

¼ szklanki rozdrobnionego ostrego sera cheddar

Adresy:

1. Weź średnią żaroodporną miskę, dodaj wszystkie składniki oprócz mascarpone i sera cheddar i mieszaj do połączenia.

2. Umieść miskę w kuchence mikrofalowej, ustaw moc kuchenki mikrofalowej na 5 minut, następnie dodaj ser i kontynuuj gotowanie przez 2 minuty.

3. Dodaj serek mascarpone do miski, mieszaj, aż zmiksuje się i uzyska kremową konsystencję. Podawaj natychmiast.

Informacje żywieniowe:Kalorie 138, tłuszcz ogółem 9,8 g, węglowodany ogółem 6,6 g, białko 7,5 g, cukier 2,4 g, sód 442 mg

Śródziemnomorskie porcje tostów

Porcje: 2

Składniki:

1 ½ łyżeczki pokruszony niskotłuszczowy ser feta

3 pokrojone greckie oliwki

¼ rozgniecionego awokado

1 kromka dobrego chleba pełnoziarnistego

1 łyżka stołowa. hummus z pieczonej czerwonej papryki

3 pomidorki koktajlowe pokrojone w plasterki

1 pokrojone jajko na twardo

Adresy:

1. Najpierw podpiecz chleb i posyp ¼ puree z awokado i 1 łyżka hummusu.

2. Dodaj pomidorki koktajlowe, oliwki, jajko na twardo i fetę.

3. Do smaku doprawić solą i pieprzem.

Informacje żywieniowe:Kalorie: 333,7, Tłuszcz: 17 g, Węglowodany: 33,3 g, Białko: 16,3

g, Cukry: 1 g, Sód: 700 mg

Śniadaniowa sałatka ze słodkich ziemniaków

Liczba porcji: 2

Czas gotowania: 0 minut

Składniki:

1 łyżka białka w proszku

¼ szklanki jagód

¼ szklanki malin

1 obrany banan

1 słodki ziemniak, upieczony, obrany i pokrojony w kostkę

Adresy:

1. Włóż ziemniaka do miski i rozgnieć widelcem. Dodaj banana i białko w proszku i wszystko dobrze wymieszaj. Dodaj jagody, wymieszaj i podawaj na zimno.

2. Ciesz się!

Informacje żywieniowe:Kalorie 181, Tłuszcz 1, Błonnik 6, Węglowodany 8, Białko 11

Filiżanki Mock Breakfast Hash Brown Porcje: 8

Składniki:

40 g posiekanej cebuli

8 dużych jaj

7 ½ g czosnku w proszku

2 ½ g pieprzu

170 g startego odtłuszczonego sera

170 g startego słodkiego ziemniaka

2 ½ g soli

Adresy:

1. Rozgrzej piekarnik do 400°F i przygotuj formę na muffinki z wkładkami.

2. Umieść starte słodkie ziemniaki, cebulę, czosnek i przyprawy w misce i dobrze wymieszaj, zanim włożysz łyżkę stołową do każdej filiżanki. Dodaj jedno duże jajko do każdej filiżanki i piecz przez 15 minut, aż jajka się zetną.

3. Podawaj świeże lub przechowuj.

Informacje żywieniowe:Kalorie: 143, Tłuszcz: 9,1 g, Węglowodany: 6 g, Białko: 9 g, Cukry: 0 g, Sód: 290 mg

Omlet ze szpinakiem i pieczarkami

Porcje: 2

Składniki:

2 łyżki oliwy z oliwek

2 całe jajka

3 w. świeży szpinak

spray do gotowania

10 pieczarek Bella baby pokrojonych w plasterki

8 łyżek pokrojonej czerwonej cebuli

4 białka jaj

2 uncje. kozi ser

Adresy:

1. Umieść patelnię na średnim ogniu i dodaj oliwkę.

2. Dodaj pokrojoną czerwoną cebulę na patelnię i mieszaj, aż będzie przezroczysta.

Następnie dodaj grzyby na patelnię i mieszaj, aż lekko się zrumienią.

3. Dodaj szpinak i mieszaj, aż zwiędnie. Doprawiamy odrobiną pieprzu i soli. Zdejmij z ognia.

4. Spryskaj małą patelnię sprayem do gotowania i umieść na średnim ogniu.

5. Wbij 2 całe jajka do małej miski. Dodać 4 białka jaj i ubić do połączenia.

6. Wlej ubite jajka na małą patelnię i pozostaw mieszaninę na minutę.

7. Za pomocą szpatułki delikatnie obrysuj brzegi naczynia.

Podnieś patelnię i przechyl ją w dół i dookoła w sposób okrężny, aby płynne jajka dotarły do środka i usmażyły się wokół krawędzi patelni.

8. Dodaj pokruszony kozi ser na jedną stronę tortilli razem z mieszanką grzybów.

9. Następnie za pomocą szpatułki delikatnie zawiń drugą stronę tortilli nad stroną z grzybami.

10. Gotuj przez trzydzieści sekund. Następnie przełóż tortillę na talerz.

Informacje żywieniowe:Kalorie: 412, Tłuszcz: 29 g, Węglowodany: 18 g, Białko: 25 g, Cukry: 7 g, Sód: 1000 mg

Wrapy Sałatowe Z Kurczakiem I Warzywami

Porcje: 2

Czas gotowania: 15 minut

Składniki:

½ łyżki niesolonego masła

¼ funta mielonego kurczaka

1/8 szklanki cukinii, posiekanej

¼ zielonej papryki, pozbawionej nasion i posiekanej

1/8 szklanki posiekanej żółtej dyni

¼ średniej cebuli posiekanej

½ łyżeczki mielonego czosnku

Świeżo zmielony czarny pieprz do smaku

¼ łyżeczki curry w proszku

½ łyżki sosu sojowego

2 duże liście sałaty

½ szklanki startego parmezanu

Adresy:

1. Weź patelnię, postaw na średnim ogniu, dodaj masło i kurczaka, pokrusz i smaż przez około 5 minut, aż kurczak nie będzie już różowy.

2. Następnie dodaj cukinię, paprykę, dynię, cebulę i czosnek na patelnię, mieszaj, aż się zmieszają i gotuj przez 5 minut.

3. Następnie dopraw czarnym pieprzem i curry w proszku, skrop sosem sojowym, dobrze wymieszaj i gotuj dalej przez 5 minut, odstaw, aż będzie potrzebne.

4. Złóż opakowanie, dzieląc mieszankę kurczaka równomiernie na każdym liściu sałaty, a następnie posyp serem i podawaj.

5. Aby przygotować posiłek, umieść mieszankę kurczaka w hermetycznym pojemniku i przechowuj w lodówce do dwóch dni.

6. Gotowy do jedzenia podgrzej kurczaka w kuchence mikrofalowej, aż będzie gorący, a następnie dodaj do liści sałaty i podawaj.

Informacje żywieniowe:Kalorie 71, tłuszcz ogółem 6,7 g, węglowodany ogółem 4,2 g, białko 4,8 g, cukier 30,5 g, sód 142 mg

Kremowa miska bananowo-cynamonowa

Porcje: 1

Czas gotowania: 3 minuty

Składniki:

1 duży banan, dojrzały

¼ łyżeczki mielonego cynamonu

Szczypta celtyckiej soli morskiej

2 łyżki roztopionego masła kokosowego

Składniki do wyboru: owoce, nasiona lub orzechyAdresy:

1. Rozgnieć banana w misce. Dodaj cynamon i celtycką sól morską. Odłożyć na bok.

2. Podgrzej masło kokosowe w rondelku na małym ogniu.

Wlej ciepłe masło do mieszanki bananowej.

3. Aby podać, udekoruj ulubionymi owocami, nasionami lub orzechami.

Informacje żywieniowe:Kalorie 564 Tłuszcz: 18,8 g Białko: 28,2 g Sód: 230 mg Węglowodany ogółem: 58,2 g Błonnik pokarmowy: 15,9 g

Dobra fasola z żurawiną i cynamonem Porcje: 2

Czas gotowania: 35 minut

Składniki:

1 szklanka ziaren (do wyboru amarantus, kasza gryczana lub komosa ryżowa) 2½ szklanki wody kokosowej lub mleka migdałowego

1 laska cynamonu

2 sztuki całych goździków

1 strąk anyżu gwiazdkowatego (opcjonalnie)

Świeże owoce: jabłka, jeżyny, jagody, gruszki lub persymony

Syrop klonowy (opcjonalnie)

Adresy:

1. W rondlu zagotuj fasolę, wodę kokosową i przyprawy. Przykryj, a następnie zmniejsz ciepło do średnio-niskiego. Gotuj na małym ogniu przez 25 minut.

2. Aby podać, odrzuć przyprawy i udekoruj plasterkami owoców. W razie potrzeby skrop syropem klonowym.

Informacje żywieniowe:Kalorie 628 Tłuszcz: 20,9 g Białko: 31,4 g Sód: 96 mg
Węglowodany ogółem: 112,3 g Błonnik pokarmowy: 33,8 g

Omlet śniadaniowy Porcje: 2

Czas gotowania: 10 minut

Składniki:

2 ubite jajka

1 łodyga posiekanej zielonej cebuli

½ szklanki pieczarek pokrojonych w plasterki

1 czerwona papryka, pokrojona w kostkę

1 łyżeczka przyprawy ziołowej

Adresy:

1. Ubij jajka w misce. Dodać pozostałe składniki.

2. Wlej masę jajeczną do małego naczynia do pieczenia. Dodaj patelnię do koszyka frytownicy.

3. Gotuj w koszyku frytkownicy w temperaturze 350 stopni F przez 10 minut.

Informacje żywieniowe:Kalorie 210 Węglowodany: 5 g Tłuszcz: 14 g Białko: 15 g

Pełnoziarnisty chleb kanapkowy Ilość porcji: 12

Czas gotowania: 3 godziny, 20 minut

Składniki:

Biała mąka pełnoziarnista - 3,5 szklanki

Oliwa z oliwek z pierwszego tłoczenia - 0,25 szklanki

Pasta daktylowa - 0,25 szklanki

Mleko do wyboru, ciepłe - 1125 filiżanek

Sól morska - 1,25 łyżeczki

Aktywne suche drożdże - 2,5 łyżeczki

Adresy:

1. Przygotuj formę do pieczenia chleba o wymiarach dziewięć na pięć cali, wykładając ją papierem pergaminowym, a następnie lekko natłuszczając.

2. W dużym kuchennym naczyniu wymieszaj wszystkie składniki razem szpatułką. Po połączeniu pozostaw zawartość na trzydzieści minut.

3. Zacznij wyrabiać ciasto, aż będzie gładkie, elastyczne i giętkie.

około siedmiu minut. Możesz to zrobić, wyrabiając ciasto ręcznie, ale najprostszą metodą jest użycie miksera stojącego i haka do ciasta.

4. Umieścić wyrobione ciasto w wcześniej używanym naczyniu do mieszania, przykryć je folią spożywczą lub czystym, wilgotnym ręcznikiem kuchennym i odstawić w ciepłe miejsce do podwojenia objętości na około godzinę lub dwie.

5. Delikatnie wklep ciasto w ładną kłodę przed włożeniem jej do przygotowanej formy do pieczenia chleba. Przykryj patelnię plastikową folią lub ręcznikiem, którego użyłeś wcześniej i pozostaw do wyrośnięcia w ciepłym miejscu, aż podwoi swoją objętość, przez kolejną godzinę lub dwie.

6. Gdy chleb jest prawie gotowy do wyrośnięcia, rozgrzej piekarnik do 350 stopni Fahrenheita.

7. Zdejmij pokrywę z bochenka upieczonego chleba i umieść bochenek na środku gorącego piekarnika. Ostrożnie połóż folię aluminiową na chlebie, uważając, aby nie spuścić z niego powietrza, aby zapobiec zbyt szybkiemu brązowieniu. Pozwól chlebowi piec się w ten sposób przez trzydzieści pięć do czterdziestu minut, a następnie zdejmij folię i kontynuuj pieczenie chleba przez dwadzieścia minut. Chleb jest upieczony, gdy ma piękny złoty kolor i wydaje głuchy dźwięk przy uderzeniu.

8. Pełnoziarnisty chleb kanapkowy powinien ostygnąć w formie przez pięć minut, a następnie wyjąć go z metalowej blachy i przełożyć na metalową kratkę, aby dokończyć studzenie. Pozwól chlebowi całkowicie ostygnąć przed krojeniem.

Rozdrobnione Gyros z Kurczaka

Składniki:

2 średnie cebule, posiekane

6 ząbków czosnku, posiekanych

1 łyżeczka aromatu pieprz cytrynowy

1 łyżeczka suszonego oregano

1/2 łyżeczki mielonego ziela angielskiego

1/2 szklanki wody

1/2 szklanki soku z cytryny

1/4 szklanki octu z czerwonego wina

2 łyżki oliwy z oliwek

2 funty piersi z kurczaka bez kości i skóry

8 całych chlebków pita

Dowolne dodatki: sos tzatziki, porwana sałata rzymska i pokrojony w kostkę pomidor, ogórek i cebula

Adresy:

1. W 3-litrowym pojemniku. powolna kuchenka, skonsoliduj 9 mocowań rozrusznika; zawiera kurczaka. Gotuj, zabezpieczony, na niskim poziomie przez 3-4 godziny lub do momentu, aż kurczak będzie miękki (termometr powinien dokładnie wskazywać 165°).

2. Wyjmij kurczaka z wolnej kuchenki. Rozdrobnić 2 widelcami; wróć do powolnej kuchenki. Za pomocą szczypiec nałóż mieszankę kurczaka na pity. Prezent z dodatkami.

Zupa ze słodkich ziemniaków Porcje Porcje: 6

Czas gotowania: 15 minut

Składniki:

2 łyżki oliwy z oliwek

1 średnia cebula posiekana

1 puszka zielonych chilli

1 łyżeczka mielonego kminku

1 łyżeczka mielonego imbiru

1 łyżeczka soli morskiej

4 szklanki słodkich ziemniaków, obranych i posiekanych 4 szklanki ekologicznego bulionu warzywnego o niskiej zawartości sodu 2 łyżki świeżej kolendry, posiekanej

6 łyżek jogurtu greckiego

Adresy:

1. Rozgrzej oliwę z oliwek na średnim ogniu w dużym garnku do zupy. Dodaj cebulę i smaż do miękkości. Dodaj zielone chili i przyprawy i gotuj przez 2 minuty.

2. Dodaj słodkie ziemniaki i bulion warzywny i zagotuj.

3. Gotuj na małym ogniu przez 15 minut.

4. Dodać posiekaną kolendrę i wymieszać.

5. Zmiksuj połowę zupy na gładką masę. Włóż z powrotem do garnka z resztą zupy.

6. W razie potrzeby dopraw dodatkową solą morską i posyp odrobiną jogurtu greckiego.

Informacje żywieniowe:Węglowodany ogółem 33 g Błonnik pokarmowy: 5 g Białko: 6 g Tłuszcz ogółem: 5 g Kalorie: 192

Składniki na miseczki z quinoa burrito:

1 formuła z kolendrą, limonką i komosą ryżową

Na czarną fasolę:

1 puszka czarnej fasoli

1 łyżeczka mielonego kminku

1 łyżeczka suszonego oregano

sól dla smaku

Na pomidorki koktajlowe pico de gallo:

1 16 uncji suszonych pomidorów wiśniowych lub winogronowych, pokrojonych w ćwiartki 1/2 szklanki pokrojonej w kostkę czerwonej cebuli

1 łyżka mielonej papryczki jalapeno (żeberka i nasiona można wycisnąć według uznania)

1/2 szklanki posiekanej ostrej kolendry

2 łyżki soku z limonki

sól dla smaku

Do mocowania:

pokrojone suszone jalapeno

1 awokado, pokrojone w kostkę

Adresy:

1. Przygotuj kolendrowo-limonkową komosę ryżową i trzymaj w cieple.

2. W małym pojemniku na sos połącz czarną fasolę i jej płyn z kminkiem i oregano na średnim ogniu. Okresowo mieszaj, aż fasola będzie gorąca. Spróbuj i dodaj sól, kiedy tylko chcesz.

3. Połącz składniki na pomidorki koktajlowe pico de gallo w misce i dobrze wlej.

4. Aby zagnieść miseczki na burrito, podziel komosę ryżową z kolendrą i limonką na cztery talerze. Dodaj do każdego po jednej czwartej czarnej fasoli. Na wierzchu połóż pomidorki koktajlowe pico de gallo, marynowane papryczki jalapeno i awokado.

Dziękować!

5. Uwaga:

6. Całość składników tych potraw można przygotować wcześnie i zgromadzić w momencie przygotowania do spożycia. Możesz podgrzać komosę i fasolę lub docenić je w temperaturze pokojowej. Lubię przygotowywać segmenty przez cały weekend, aby móc docenić miski burrito z komosy ryżowej na lunch w ciągu tygodnia.

Broccolini Z Migdałami Porcje: 6

Czas gotowania: 5 minut

Składniki:

1 świeża czerwona papryczka chilli, pozbawiona nasion i drobno posiekana 2 pęczki brokułów, przycięte

1 łyżka oliwy z oliwek extra virgin

2 ząbki czosnku, cienko pokrojone

1/4 szklanki naturalnych migdałów, grubo posiekanych

2 łyżeczki drobno startej skórki z cytryny

4 anchois w oleju, posiekane

Odrobina świeżego soku z cytryny.

Adresy:

1. Rozgrzej trochę oleju na patelni. Dodaj 2 łyżeczki skórki z cytryny, odsączone anchois, drobno posiekane chili i cienko pokrojone rękawice z jednym palcem.

Gotuj przez około 30 sekund, ciągle mieszając.

2. Dodaj 1/4 szklanki grubo posiekanych migdałów i gotuj przez minutę.

Wyłącz ogrzewanie i dodaj sok z cytryny na wierzchu.

3. Umieść kosz do gotowania na parze nad garnkiem z wrzącą wodą. Dodaj broccolini do koszyka i przykryj.

4. Gotuj do chrupkości, około 3-4 minut. Odcedź, a następnie przełóż na półmisek do serwowania.

5. Posyp mieszanką migdałów i ciesz się!

Informacje żywieniowe:414 kalorii 6,6 g tłuszczu 1,6 g węglowodanów ogółem 5,4 g białka

Składniki na danie z quinoa:

1/2 szklanki suszonej komosy ryżowej

2 łyżki oleju z awokado lub kokosowego

2 zmiażdżone ząbki czosnku

1/2 szklanki kukurydzy z puszki lub zestalonej

3 duże czerwone papryki pokrojone w plasterki

1/2 średniej papryczki jalapeño, posiekanej i posiekanej 1 łyżka kminku

15 uncji puszka ciemnej fasoli, umytej i odsączonej 1 szklanka kolendry, drobno posiekanej i podzielonej 1/2 szklanki zielonej cebuli, drobno posiekanej i podzielonej 2 szklanki sera Tex Mex cheddar, posiekanego i oddzielonego 3/4 szklanki mleka kokosowego z puszki

1/4 łyżeczki soli

Adresy:

1. Ugotować komosę ryżową zgodnie z instrukcją na opakowaniu i przechowywać w bezpiecznym miejscu. Rozgrzej grill do 350 stopni F.

2. Rozgrzej dużą glinianą patelnię z nieprzywierającą powłoką na średnim ogniu i wlej olej do pokrycia. Dodać czosnek i smażyć przez 30 sekund, regularnie mieszając. Uwzględnij kukurydzę, papryczki chili, papryczki

jalapeno i kminek. Wymieszaj i smaż bez przeszkadzania przez 3 minuty, ponownie wymieszaj i smaż przez kolejne 3 minuty.

3. Przenieś do dużej miski wraz z ugotowaną komosą ryżową, czarną fasolą, 3/4 szklanki kolendry, 1/4 szklanki zielonej cebuli, 1/2 szklanki sera cheddar, mlekiem kokosowym i solą. Dobrze wymieszaj, przenieś do naczynia do przygotowywania 8 x 11, posyp 1/2 szklanki sera cheddar i podgrzewaj przez 30 minut.

4. Zdjąć z grilla, posypać 1/4 szklanki kolendry i 1/4 szklanki zielonej cebuli. podawać na gorąco

Sałatka jajeczna dla zdrowego odżywiania

Porcje: 2

Czas gotowania: 0 minut

Składniki:

6 ekologicznych jaj od chowu pastwiskowego, ugotowanych na twardo

1 awokado

¼ szklanki jogurtu greckiego

2 łyżki majonezu z oliwy z oliwek

1 łyżeczka świeżego koperku

sól morska do smaku

sałata do podania

Adresy:

1. Zmiksuj jajka na twardo i awokado.

2. Dodaj jogurt grecki, majonez z oliwą z oliwek i świeży koperek.

3. Dopraw solą morską. Podawać na łożu z sałaty.

Informacje żywieniowe:Węglowodany ogółem 18 g Błonnik pokarmowy: 10 g Białko: 23 g Tłuszcz ogółem: 38 g Kalorie: 486

Porcje Chili z Białej Fasoli

Porcje: 4

Czas gotowania: 20 minut

Składniki:

¼ szklanki oliwy z oliwek extra virgin

2 małe cebule, pokrojone w ¼-calowe kostki

2 łodygi selera, pokrojone w cienkie plasterki

2 małe marchewki, obrane i pokrojone w cienkie plasterki

2 posiekane ząbki czosnku

2 łyżeczki mielonego kminku

1½ łyżeczki suszonego oregano

1 łyżeczka soli

¼ łyżeczki świeżo zmielonego czarnego pieprzu

3 szklanki bulionu warzywnego

1 (15½ uncji) puszka fasoli granatowej, odsączonej i wypłukanej ¼ świeżej pietruszki o płaskich liściach, drobno posiekanej

2 łyżeczki startej lub posiekanej skórki z cytryny

Adresy:

1. Rozgrzej olej na dużym ogniu w holenderskim piekarniku.

2. Dodaj cebulę, seler, marchewkę i czosnek i smaż, aż zmiękną, od 5 do 8 minut.

3. Dodaj kminek, oregano, sól i pieprz i smaż przez około 1 minutę.

4. Włóż bulion i zagotuj.

5. Doprowadzić do wrzenia, dodać fasolę i gotować, częściowo przykryte i od czasu do czasu mieszając, przez 5 minut, aby smaki się rozwinęły.

6. Dodaj pietruszkę i skórkę z cytryny i podawaj.

Informacje żywieniowe:Kalorie 300 Tłuszcz ogółem: 15 g Węglowodany ogółem: 32 g Cukier: 4 g Błonnik: 12 g Białko: 12 g Sód: 1183 mg

Cytrynowe porcje tuńczyka

Porcje: 4

Czas gotowania: 18 minut

Składniki:

4 steki z tuńczyka

1 łyżka oliwy z oliwek

½ łyżeczki wędzonej papryki

¼ łyżeczki czarnego pieprzu, zmiażdżonego

sok z 1 cytryny

4 posiekany szczypiorek

1 łyżka posiekanego szczypiorku

Adresy:

1. Rozgrzej patelnię z olejem na średnim ogniu, dodaj dymkę i smaż przez 2 minuty.

2. Dodaj steki z tuńczyka i smaż przez 2 minuty z każdej strony.

3. Dodaj pozostałe składniki, delikatnie wymieszaj, umieść blachę w piekarniku i piecz w temperaturze 360 stopni F przez 12 minut.

4. Rozłóż wszystko na talerze i podawaj na obiad.

Informacje żywieniowe:Kalorie 324, Tłuszcz 1, Błonnik 2, Węglowodany 17, Białko 22

Tilapia Ze Szparagami I Dynią Żołędziową

Porcje: 4

Czas gotowania: 30 minut

Składniki:

2 łyżki oliwy z oliwek extra vergine

1 średni kabaczek żołędziowy, wypestkowany i pokrojony w cienkie plasterki lub 1 funt klinów szparagów, usunięte zdrewniałe końcówki i pokrojone na 2-calowe kawałki

1 duża szalotka, cienko pokrojona

1 funt filetów z tilapii

½ szklanki białego wina

1 łyżka posiekanej świeżej pietruszki 1 łyżeczka soli

¼ łyżeczki świeżo zmielonego czarnego pieprzu

Adresy:

1. Rozgrzej piekarnik do 400 ° F. Nasmaruj blachę do pieczenia olejem.

2. Ułóż dynię, szparagi i szalotkę w jednej warstwie na blasze do pieczenia. Grilluj przez 8 do 10 minut.

3. Włóż tilapię i dodaj wino.

4. Posypać natką pietruszki, solą i pieprzem.

5. Piecz w ciągu 15 minut. Wyjąć, odstawić na 5 minut i podawać.

<u>Informacje żywieniowe:</u>Kalorie 246 Tłuszcz ogółem: 8 g Węglowodany ogółem: 17 g Cukier: 2 g Błonnik: 4 g Białko: 25 g Sód: 639 mg

Pieczemy kurczaka z oliwkami, pomidorami i bazylią

Porcje: 4

Czas gotowania: 45 minut

Składniki:

8 udek z kurczaka

małe włoskie pomidory

1 łyżka czarnego pieprzu i soli

1 łyżka oliwy z oliwek

15 listków bazylii (duże)

małe czarne oliwki

1-2 świeże płatki czerwonego chili

Adresy:

1. Zamarynuj kawałki kurczaka we wszystkich przyprawach i oliwie z oliwek i odstaw na chwilę.

2. Złóż kawałki kurczaka na patelni z brzegiem i posyp pomidorami, liśćmi bazylii, oliwkami i płatkami chili.

3. Piecz tego kurczaka w już nagrzanym piekarniku (w 220C) przez 40 minuty.

4. Piec, aż kurczak będzie miękki, a pomidory, bazylia i oliwki się ugotują.

5. Udekoruj świeżą pietruszką i skórką z cytryny.

Informacje żywieniowe:Kalorie 304 Węglowodany: 18 g Tłuszcz: 7 g Białko: 41 g

Ratatuj Porcje: 8

Czas gotowania: 25 minut

Składniki:

1 cukinia, średnia i pokrojona w kostkę

3 łyżki oliwy z oliwek extra virgin

2 papryki, pokrojone w kostkę

1 żółta dynia, średnia i pokrojona w kostkę

1 cebula, duża i pokrojona w kostkę

28 uncji Całe pomidory, obrane

1 bakłażan, średni i pokrojony w kostkę ze skórką, doprawiony solą i pieprzem w razie potrzeby

4 gałązki tymianku, świeże

5 mielonych ząbków czosnku

Adresy:

1. Na początek rozgrzej dużą patelnię na średnim ogniu.

2. Po rozgrzaniu dodać olej, cebulę i czosnek.

3. Podsmaż cebulę przez 3 do 5 minut, aż zmięknie.

4. Następnie dodaj bakłażana, pieprz, tymianek i sól na patelnię. Dobrze wymieszaj.

5. Teraz gotuj jeszcze przez 5 minut lub do momentu, aż bakłażan zmięknie.

6. Następnie dodaj cukinię, paprykę i dynię na patelnię i kontynuuj gotowanie przez kolejne 5 minut. Następnie dodać pomidory i dobrze wymieszać.

7. Po dodaniu wszystkiego dobrze wymieszaj, aż wszystko się połączy. Niech się gotuje przez 15 minut.

8. Na koniec sprawdź doprawienie i w razie potrzeby dodaj więcej soli i pieprzu.

9. Udekoruj natką pietruszki i mielonym czarnym pieprzem.

Informacje żywieniowe:Kalorie: 103Kcal Białka: 2g Węglowodany: 12g Tłuszcze: 5g

Zupa z klopsikami z kurczaka Porcje: 4

Czas gotowania: 30 minut

Składniki:

2 funty piersi z kurczaka, bez skóry, bez kości i posiekane 2 łyżki posiekanej kolendry

2 ubite jajka

1 posiekany ząbek czosnku

¼ szklanki zielonej cebuli, posiekanej

1 posiekana żółta cebula

1 pokrojona marchewka

1 łyżka oliwy z oliwek

5 szklanek bulionu z kurczaka

1 łyżka posiekanej natki pietruszki

Szczypta soli i czarnego pieprzu.

Adresy:

1. W misce połącz mięso z jajkami i pozostałymi składnikami oprócz oleju, żółtej cebuli, bulionu i pietruszki, wymieszaj i uformuj z tej mieszanki średnie kulki.

2. Rozgrzej garnek z olejem na średnim ogniu, dodaj żółtą cebulę i klopsiki i smaż przez 5 minut.

3. Dodać pozostałe składniki, wymieszać, doprowadzić do wrzenia i gotować na średnim ogniu przez kolejne 25 minut.

4. Nalej zupę do miseczek i podawaj.

Informacje żywieniowe:Kalorie 200, Tłuszcz 2, Błonnik 2, Węglowodany 14, Białko 12

Sałatka Z Surówek I Pomarańczy Z Cytrusowym Vinaigrette

Porcje: 8

Czas gotowania: 0 minut

Składniki:

1 łyżeczka skórki pomarańczowej

2 łyżki bulionu warzywnego o obniżonej zawartości sodu 1 łyżeczka octu jabłkowego

4 szklanki czerwonej kapusty, poszatkowanej

1 łyżeczka soku z cytryny.

1 bulwa kopru włoskiego, pokrojona w cienkie plasterki

1 łyżeczka octu balsamicznego

1 łyżeczka octu malinowego

2 łyżki świeżego soku pomarańczowego

2 pomarańcze, obrane i pokrojone w cząstki

1 łyżka miodu

1/4 łyżeczki soli

świeżo zmielony pieprz

4 łyżeczki oliwy z oliwek

Adresy:

1. Umieść sok z cytryny, skórkę pomarańczową, ocet jabłkowy, sól i pieprz, bulion, olej, miód, sok pomarańczowy, ocet balsamiczny i maliny w misce i ubij.

2. Wyciągnij pomarańcze, koper włoski i kapustę. Wrzucić do płaszcza.

Informacje żywieniowe:Kalorie 70 Węglowodany: 14 g Tłuszcz: 0 g Białko: 1 g

Tempeh z warzywami korzeniowymi Porcje: 4

Czas gotowania: 30 minut

Składniki:

1 łyżka oliwy z oliwek extra virgin

1 duży słodki ziemniak, pokrojony w kostkę

2 marchewki, cienko pokrojone

1 bulwa kopru włoskiego, przycięta i pokrojona w ¼-calową kostkę 2 łyżeczki mielonego świeżego imbiru

1 posiekany ząbek czosnku

12 uncji tempeh, pokrojone w ½-calowe kostki

½ szklanki bulionu warzywnego

1 łyżka bezglutenowego sosu sojowego lub tamari 2 szalotki, cienko pokrojone

Adresy:

1. Rozgrzej piekarnik do 400 ° F. Nasmaruj blachę do pieczenia olejem.

2. Ułóż słodkie ziemniaki, marchew, koper włoski, imbir i czosnek w jednej warstwie na blasze do pieczenia.

3. Piec, aż warzywa będą miękkie, około 15 minut.

4. Dodaj tempeh, bulion i tamari.

5. Piecz ponownie, aż tempeh się podgrzeje i lekko zrumieni, od 10 do 15 minut.

6. Dodaj szczypiorek, dobrze wymieszaj i podawaj.

Informacje żywieniowe:Kalorie 276 Tłuszcz ogółem: 13 g Węglowodany ogółem: 26 g Cukier: 5 g Błonnik: 4 g Białko: 19 g Sód: 397 mg

Porcje zielonej zupy: 2

Czas gotowania: 5 minut

Składniki:

1 szklanka wody

1 szklanka świeżego i zapakowanego szpinaku

½ z 1 cytryny, obranej

1 cukinia, mała i posiekana

2 łyżki stołowe. Pietruszka, świeża i posiekana

1 łodyga selera, posiekana

Sól morska i czarny pieprz według uznania

½ z 1 dojrzałego awokado

¼ szklanki bazylii

2 łyżki stołowe. nasiona Chia

1 posiekany ząbek czosnku

Adresy:

1. Aby przygotować tę łatwą do przygotowania zupę, umieść wszystkie składniki w szybkoobrotowym blenderze i miksuj przez 3 minuty lub do uzyskania gładkiej konsystencji.

2. Następnie możesz podawać na zimno lub podgrzewać na małym ogniu przez kilka minut.

Informacje żywieniowe:Kalorie: 250 Kcal Białko: 6,9 g Węglowodany: 18,4 g Tłuszcz: 18,1 g

Składniki na Chleb Pepperoni:

1 porcja (1 funt) zestalonej mieszanki chlebowej, rozmrożone 2 duże jajka, wyizolowane

1 łyżka startego sera parmezan cheddar

1 łyżka oliwy z oliwek

1 łyżeczka posiekanej chrupiącej pietruszki

1 łyżeczka suszonego oregano

1/2 łyżeczki czosnku w proszku

1/4 łyżeczki pieprzu

8 uncji posiekanej pepperoni

2 szklanki częściowo odtłuszczonego sera cheddar mozzarella 1 (4 uncje) puszka łodyg i kawałków pieczarek, zużyta 1/4 do 1/2 szklanki peklowanych krążków papryki

1 średnia zielona papryka, pokrojona w kostkę

1 (2-1/4 uncji) puszka gotowych pokrojonych oliwek

1 puszka (15 uncji) sosu do pizzy

Adresy:

1. Rozgrzej piec do 350°. Na nasmarowanym arkuszu przygotowawczym zamień ciasto na 15 x 10 cali. kwadratowy kształt. W małej misce zmiksuj żółtka, parmezan, olej, pietruszkę, oregano, czosnek w proszku i pieprz. Posmaruj mieszanką.

2. Posyp pepperoni, serem mozzarella cheddar, pieczarkami, krążkami pieprzu, zieloną papryką i oliwkami. Poruszaj się w górę, dżemowy styl ruchu, zaczynając od dłuższego boku; Ściśnij zagięcie, aby uszczelnić i złożyć wykończenia pod spodem.

3. Umieść porcję zgięciem w dół; posmarować białkiem.

Staraj się nie odpuszczać. Gotuj, aż uzyskasz błyszczącą ciemną barwę, a mieszanina się ugotuje, 35-40 minut. Podgrzej sos do pizzy; prezent z pokrojoną porcją.

4. Opcja Freeze – Zamroź nie pokrojony kawałek pizzy schłodzony w folii bez kompromisów. Aby użyć, wyjmij z lodówki na 30 minut przed podgrzaniem. Wyrzuć kruchą, ciepłą porcję na natłuszczony arkusz przygotowawczy w nagrzanym do 325° grillu, aż się rozgrzeje. Ukończ jako skoordynowane.

Gazpacho z buraków Porcje: 4

Czas gotowania: 10 minut

Składniki:

1×20oz. puszka fasoli północnej, opłukanej i odsączonej ¼ łyżeczki. Sól koszerna

1 łyżka stołowa. Oliwa z oliwek z pierwszego tłoczenia

½ łyżeczki czosnku, świeżego i posiekanego

1×6oz. Saszetka z płatkami różowego łososia

2 łyżki stołowe. świeżo wyciśnięty sok z cytryny

4 zielone cebule, cienko pokrojone

½ łyżeczki czarnego pieprzu

½ łyżeczki startej skórki z cytryny

¼ szklanki posiekanej świeżej pietruszki o płaskich liściach

Adresy:

1. Najpierw umieść skórkę z cytryny, oliwę z oliwek, sok z cytryny, czarny pieprz i czosnek w średniej misce i wymieszaj trzepaczką.

2. Połącz fasolę, cebulę, łososia i pietruszkę w innej średniej misce i dobrze wymieszaj.

3. Następnie polej dressingiem z soku z cytryny mieszankę fasolową.

Dobrze wymieszaj, aż sos pokryje mieszankę fasoli.

4. Podawaj i ciesz się.

Informacje żywieniowe:Kalorie 131 Kcal Białka: 1,9 g Węglowodany: 14,8 g Tłuszcze: 8,5 g

Pikantne brokuły, kalafior i tofu z czerwoną cebulą

Porcje: 2

Czas gotowania: 25 minut

Składniki:

2 szklanki różyczek brokuła

2 szklanki różyczek kalafiora

1 średnia czerwona cebula, pokrojona w kostkę

3 łyżki oliwy z oliwek extra vergine

1 łyżeczka soli

¼ łyżeczki świeżo zmielonego czarnego pieprzu

1 funtowe twarde tofu, pokrojone w 1-calową kostkę

1 posiekany ząbek czosnku

1 kawałek (¼ cala) świeżego imbiru, posiekanego

Adresy:

1. Rozgrzej piekarnik do 400°F.

2. Połącz brokuły, kalafior, cebulę, olej, sól i pieprz na dużej blasze do pieczenia z brzegiem i dobrze wymieszaj.

3. Grilluj, aż warzywa będą miękkie, od 10 do 15 minut.

4. Dodaj tofu, czosnek i imbir. Piecz w ciągu 10 minut.

5. Delikatnie wymieszaj składniki na blasze do pieczenia, aby połączyć tofu z warzywami i podawaj.

Informacje żywieniowe:Kalorie 210 Tłuszcz ogółem: 15 g Węglowodany ogółem: 11 g Cukier: 4 g Błonnik: 4 g Białko: 12 g Sód: 626 mg

fasola i łosoś

Porcje: 4

Czas gotowania: 25 minut

Składniki:

1 szklanka czarnej fasoli z puszki, odsączonej i opłukanej 4 ząbki czosnku, posiekane

1 posiekana żółta cebula

2 łyżki oliwy z oliwek

4 filety z łososia, bez kości

½ łyżeczki mielonej kolendry

1 łyżeczka kurkumy w proszku

2 pomidory, pokrojone w kostkę

½ szklanki bulionu z kurczaka

Szczypta soli i czarnego pieprzu.

½ łyżeczki nasion kminku

1 łyżka posiekanego szczypiorku

Adresy:

1. Rozgrzej patelnię z olejem na średnim ogniu, dodaj cebulę i czosnek i smaż przez 5 minut.

2. Dodaj rybę i smaż przez 2 minuty z każdej strony.

3. Dodaj fasolę i pozostałe składniki, delikatnie wymieszaj i gotuj przez kolejne 10 minut.

4. Podziel mieszankę na talerze i podawaj od razu na obiad.

Informacje żywieniowe:Kalorie 219, Tłuszcz 8, Błonnik 8, Węglowodany 12, Białko 8

porcje zupy marchewkowej

Porcje: 4

Czas gotowania: 40 minut

Składniki:

1 szklanka dyni, posiekanej

1 łyżka stołowa. Oliwa z oliwek

1 łyżka stołowa. kurkuma w proszku

14 ½ uncji Mleko kokosowe, jasne

3 szklanki posiekanej marchwi

1 por, opłukany i pokrojony

1 łyżka stołowa. tarty imbir

3 szklanki bulionu warzywnego

1 szklanka posiekanego kopru włoskiego

Sól i pieprz do smaku

2 posiekane ząbki czosnku

Adresy:

1. Zacznij od podgrzania holenderskiego piekarnika na średnim ogniu.

2. W tym celu wlej olej, a następnie dodaj koper włoski, dynię, marchewkę i por. Dobrze wymieszaj.

3. Teraz smaż przez 4 do 5 minut, aż zmięknie.

4. Następnie dodaj kurkumę, imbir, pieprz i czosnek. Gotuj jeszcze przez 1 do 2 minut.

5. Następnie wlej bulion i mleko kokosowe. Dobrze wymieszaj.

6. Następnie zagotuj mieszaninę i przykryj holenderski piekarnik.

7. Gotuj przez 20 minut.

8. Po ugotowaniu przenieś miksturę do blendera wysokoobrotowego i miksuj przez 1 do 2 minut lub do uzyskania gładkiej i kremowej konsystencji.

9. Sprawdź przyprawy i w razie potrzeby dodaj więcej soli i pieprzu.

<u>Informacje żywieniowe:</u>Kalorie: 210,4 Kcal Białko: 2,11 g Węglowodany: 25,64 g Tłuszcz: 10,91 g

Porcje zdrowej sałatki z makaronem

Porcje: 6

Czas gotowania: 10 minut

Składniki:

1 opakowanie bezglutenowego makaronu fusilli

1 szklanka pomidorów winogronowych, pokrojonych w plasterki

1 garść posiekanej świeżej kolendry

1 szklanka oliwek, przekrojonych na pół

1 szklanka posiekanej świeżej bazylii

½ szklanki oliwy z oliwek

sól morska do smaku

Adresy:

1. Wymieszaj oliwę z oliwek, posiekaną bazylię, kolendrę i sól morską.

Odłożyć na bok.

2. Ugotować makaron zgodnie z instrukcją na opakowaniu, odcedzić i przepłukać.

3. Połącz makaron z pomidorami i oliwkami.

4. Dodaj mieszaninę oliwy z oliwek i mieszaj, aż dobrze się połączy.

Informacje żywieniowe:Węglowodany ogółem 66 g Błonnik pokarmowy: 5 g Białko: 13 g Tłuszcz ogółem: 23 g Kalorie: 525

Porcje curry z ciecierzycy

Porcje: 4

Czas gotowania: 25 minut

Składniki:

2 × 15 uncji Ciecierzyca, umyta, odsączona i ugotowana 2 łyżki. Oliwa z oliwek

1 łyżka stołowa. kurkuma w proszku

½ 1 cebuli, pokrojonej w kostkę

1 łyżeczka Cayenne, zmielonego

4 ząbki czosnku, posiekane

2 łyżeczki chili w proszku

15 uncji puree pomidorowe

Czarny pieprz według uznania

2 łyżki stołowe. koncentrat pomidorowy

1 łyżeczka Cayenne, zmielonego

½ łyżki. syrop klonowy

½ z 15 uncji. puszka mleka kokosowego

2 łyżeczki mielonego kminku

2 łyżeczki wędzonej papryki

Adresy:

1. Rozgrzej dużą patelnię na średnim ogniu. W tym celu wlej olej.

2. Gdy olej się rozgrzeje, dodaj cebulę i smaż przez 3 do 4 godzin minut lub do momentu, aż zmiękną.

3. Następnie dodać koncentrat pomidorowy, syrop klonowy, wszystkie przyprawy, przecier pomidorowy i czosnek. Dobrze wymieszaj.

4. Następnie dodaj ugotowaną ciecierzycę wraz z mlekiem kokosowym, czarnym pieprzem i solą.

5. Teraz wszystko dobrze wymieszaj i gotuj na wolnym ogniu przez 8 do 10 minut

minut lub do uzyskania gęstej konsystencji.

6. Skrop sokiem z cytryny i udekoruj kolendrą, jeśli chcesz.

Informacje żywieniowe:Kalorie: 224 Kcal Białko: 15,2 g Węglowodany: 32,4 g Tłuszcz: 7,5 g

Strogonow z mielonej wołowiny Składniki:

1 funt chudej mielonej wołowiny

1 mała cebula pokrojona w kostkę

1 posiekany ząbek czosnku

3/4 funta pokrojonych nowych grzybów

3 łyżki mąki

2 szklanki bulionu mięsnego

sól i pieprz do smaku

2 łyżeczki sosu Worcestershire

3/4 szklanki gęstej śmietany

2 łyżki świeżej pietruszki

Adresy:

1. Ciemny kotlet zmiel z cebulą i czosnkiem (starając się nie połamać niczego na wierzchu) na talerzu, aż nie będzie już różowy. Skieruj tłuszcz.

2. Dodaj pokrojone pieczarki i smaż przez 2-3 minuty. Wymieszaj mąkę i stopniowo gotuj przez 1 minutę.

3. Dodaj bulion, sos Worcestershire, sól i pieprz i podgrzej do wrzenia. Zmniejsz ogień i gotuj przez 10 minut.

Makaron jajeczny ugotować zgodnie z opisem na opakowaniu.

4. Zdejmij mięso z ognia, wymieszaj ze śmietaną i natką pietruszki.

5. Podawaj z makaronem jajecznym.

Porcje żeberka z sosem

Porcje: 4

Czas gotowania: 65 minut

Składniki:

2 funty. Żeberka cielęce

1 ½ łyżeczki oliwy z oliwek

1 ½ łyżki sosu sojowego

1 łyżka sosu Worcestershire

1 łyżka stewii

1 ¼ szklanki posiekanej cebuli.

1 łyżeczka mielonego czosnku

1/2 szklanki czerwonego wina

⅓ szklanki sosu pomidorowego, niesłodzonego

Sól i czarny pieprz do smaku

Adresy:

1. Żeberka pokroić na 3 kliny i natrzeć czarnym pieprzem i solą.

2. Dodaj olej do Instant Pot i naciśnij Sauté.

3. Umieść żeberka w oleju i smaż przez 5 minut z każdej strony.

4. Dodaj cebulę i smaż przez 4 minuty.

5. Dodaj czosnek i smaż przez 1 minutę.

6. Ubij pozostałe składniki w misce i polej żeberka.

7. Załóż pokrywkę i gotuj przez 55 minut w trybie ręcznym pod wysokim ciśnieniem.

8. Gdy to zrobisz, naturalnie zwolnij ciśnienie, a następnie zdejmij nasadkę.

9. Podawaj gorące.

<u>Informacje żywieniowe:</u>Kalorie 555, Węglowodany 12,8 g, Białko 66,7 g, Tłuszcz 22,3 g, Błonnik 0,9 g

Bezglutenowa Zupa Z Kurczaka Z Makaronem

Porcje: 4

Czas gotowania: 25 minut

Składniki:

¼ szklanki oliwy z oliwek extra virgin

3 łodygi selera, pokrojone w ¼-calowe plastry

2 średnie marchewki, pokrojone w ¼-calowe kostki

1 mała cebula, pokrojona w ¼-calowe kostki

1 gałązka świeżego rozmarynu

4 szklanki bulionu z kurczaka

8 uncji bezglutenowego penne

1 łyżeczka soli

¼ łyżeczki świeżo zmielonego czarnego pieprzu

2 szklanki pokrojonego w kostkę kurczaka z rożna

¼ szklanki drobno posiekanej świeżej pietruszki o płaskich liściachAdresy:

1. Rozgrzej olej na dużym ogniu w dużym garnku.

2. Dodaj seler, marchew, cebulę i rozmaryn i smaż, aż zmiękną, 5 do 7 minut.

3. Dodaj bulion, penne, sól i pieprz i zagotuj.

4. Doprowadź do wrzenia i gotuj, aż penne będzie miękkie, od 8 do 10 minut.

5. Usuń i wyrzuć gałązkę rozmarynu, dodaj kurczaka i pietruszkę.

6. Zmniejsz ciepło do niskiego poziomu. Gotuj przez 5 minut i podawaj.

Informacje żywieniowe:Kalorie 485 Tłuszcz ogółem: 18 g Węglowodany ogółem: 47 g Cukier: 4 g Błonnik: 7 g Białko: 33 g Sód: 1423 mg

Porcje curry z soczewicy

Porcje: 4

Czas gotowania: 40 minut

Składniki:

2 łyżeczki nasion gorczycy

1 łyżeczka kurkumy, mielonej

1 szklanka namoczonej soczewicy

2 łyżeczki nasion kminku

1 pomidor, duży i pokrojony

1 żółta cebula, drobno pokrojona

4 szklanki wody

Sól morska według uznania

2 marchewki, pokrojone w półksiężyce

3 garście liści szpinaku, posiekanych

1 łyżeczka posiekanego imbiru

½ łyżeczki chili w proszku

2 łyżki stołowe. Olej kokosowy

Adresy:

1. Najpierw umieść fasolę mung i wodę w głębokim rondlu na średnim ogniu.

2. Teraz zagotuj mieszankę fasoli i gotuj na wolnym ogniu.

3. Gotuj na wolnym ogniu przez 20 do 30 minut lub do momentu, aż fasola mung będzie miękka.

4. Następnie rozgrzej olej kokosowy w dużym rondlu na średnim ogniu i dodaj gorczycę i kminek.

5. Jeśli gorczyca pęknie, dodaj cebulę. Podsmaż cebulę przez 4

minut lub do momentu, aż zmiękną.

6. Wlej czosnek i smaż jeszcze przez 1 minutę.

Po aromacie wlej kurkumę i chili w proszku.

7. Następnie dodaj marchewkę i pomidora — Gotuj przez 6 minut lub do momentu, aż zmiękną.

8. Na koniec dodaj ugotowaną soczewicę i wszystko dobrze wymieszaj.

9. Dodać liście szpinaku i smażyć, aż zwiędną. Zdejmij z ognia. Podawaj na gorąco i ciesz się smakiem.

Informacje żywieniowe:Kalorie 290 Kcal Białka: 14 g Węglowodany: 43 g Tłuszcze: 8 g

Smażony Kurczak I Groch

Porcje: 4

Czas gotowania: 10 minut

Składniki:

1 ¼ szklanki cienko pokrojonej piersi z kurczaka bez kości i skóry 3 łyżki posiekanej świeżej kolendry

2 łyżki oleju roślinnego

2 łyżki nasion sezamu

1 pęczek szczypiorku, cienko pokrojony

2 łyżeczki Srirachy

2 posiekane ząbki czosnku

2 łyżki octu ryżowego

1 papryka, cienko pokrojona

3 łyżki sosu sojowego

2½ szklanki groszku

Sól dla smaku

Świeżo zmielony czarny pieprz do smaku

Adresy:

1. Rozgrzej olej na patelni na średnim ogniu. Dodaj czosnek i cienko pokrojony szczypiorek. Gotuj przez minutę, a następnie dodaj 2 ½ szklanki groszku wraz z papryką. Gotuj do miękkości, tylko około 3-4 minut.

2. Dodaj kurczaka i gotuj przez około 4-5 minut lub do całkowitego ugotowania.

3. Dodać 2 łyżeczki Sriracha, 2 łyżki sezamu, 3

łyżki sosu sojowego i 2 łyżki octu ryżowego. Mieszaj wszystko, aż dobrze się połączy. Dusić przez 2-3 minuty na małym ogniu.

4. Dodaj 3 łyżki posiekanej kolendry i dobrze wymieszaj. W razie potrzeby przełóż i posyp większą ilością nasion sezamu i kolendry. Cieszyć się!

Informacje żywieniowe:228 kalorii 11 g tłuszczu 11 g węglowodanów ogółem 20 g białka

Soczyste brokuły z anchois i migdałami Porcje: 6

Czas gotowania: 10 minut

Składniki:

2 pęczki broccolini, przycięte

1 łyżka oliwy z oliwek extra virgin

1 długa, świeża czerwona papryczka chilli, bez pestek, drobno posiekana 2 ząbki czosnku, pokrojone w cienkie plasterki

¼ szklanki naturalnych migdałów, grubo posiekanych

2 łyżeczki drobno startej skórki z cytryny

Sok z cytryny, świeży.

4 anchois w oleju, posiekane

Adresy:

1. Rozgrzać olej w dużym rondlu. Dodaj odsączone anchois, czosnek, chili i skórkę z cytryny. Gotuj do aromatu, około 30

sekund, często mieszając. Dodaj migdały i kontynuuj gotowanie przez kolejną minutę, często mieszając. Zdejmij z ognia i dodaj sok ze świeżej cytryny.

2. Następnie umieść brokuły w koszyku do gotowania na parze ustawionym nad garnkiem z gotującą się wodą. Przykryć i gotować do chrupkości, około 2 do 3 minut. Dobrze odcedź, a następnie przełóż na duży talerz do serwowania. Posyp mieszanką migdałów. Cieszyć się.

Informacje żywieniowe:kcal 350 Tłuszcz: 7 g Błonnik: 3 g Białko: 6 g

Paszteciki z shiitake i szpinakiem

Porcje: 8

Czas gotowania: 15 minut

Składniki:

1 ½ szklanki grzybów shiitake, posiekanych

1 ½ szklanki posiekanego szpinaku

3 ząbki czosnku, posiekane

2 posiekane cebule

4 łyżeczki oliwy z oliwek

1 jajko

1 ½ szklanki ugotowanej komosy ryżowej

1 ½ łyżeczki przyprawa włoska

1/3 szklanki prażonych nasion słonecznika, zmielonych

1/3 szklanki startego sera pecorino

Adresy:

1. Rozgrzej oliwę z oliwek w rondlu. Po podgrzaniu smaż grzyby shiitake przez 3 minuty lub do lekkiego zwęglenia. Dodaj czosnek i cebulę. Smaż przez 2 minuty lub do momentu, aż będzie aromatyczny i półprzezroczysty. Odłożyć na bok.

2. W tym samym rondlu rozgrzej pozostałą oliwę z oliwek. Dodaj szpinak. Zmniejsz ogień, następnie gotuj na wolnym ogniu przez 1 minutę, odcedź i przełóż do durszlaka.

3. Drobno posiekaj szpinak i dodaj do mieszanki grzybowej. Dodaj jajko do mieszanki ze szpinakiem. Dodać ugotowaną komosę ryżową, doprawić włoską przyprawą, a następnie wymieszać, aż dobrze się połączy. Posyp ziarnami słonecznika i serem.

4. Podziel szpinakową masę na kotlety – gotuj kotlety w ciągu 5

minut lub do momentu, aż stanie się twardy i złocisty. Podawać z bułką hamburgerową.

Informacje żywieniowe:Kalorie 43 Węglowodany: 9 g Tłuszcz: 0 g Białko: 3 g

Sałatka Z Brokułów I Kalafiora

Porcje: 6

Czas gotowania: 20 minut

Składniki:

¼ łyżeczki czarnego pieprzu, mielonego

3 szklanki różyczek kalafiora

1 łyżka stołowa. Ocet

1 łyżeczka miodu

8 szklanek posiekanej kapusty

3 szklanki różyczek brokuła

4 łyżki oliwy z oliwek extra virgin

½ łyżeczki soli

1 ½ łyżeczki musztarda Dijon

1 łyżeczka miodu

½ szklanki suszonych wiśni

1/3 szklanki orzechów włoskich, posiekanych

1 szklanka startego sera manchego

Adresy:

1. Rozgrzej piekarnik do 450°F i umieść blachę do pieczenia na środkowej półce.

2. Następnie umieść różyczki kalafiora i brokuła w dużej misce.

3. Do tego wlej połowę soli, dwie łyżki oleju i pieprzu. Dobrze wymieszaj.

4. Teraz przenieś mieszankę na rozgrzaną patelnię i piecz przez 12 minut, przewracając raz na środku.

5. Gdy będą miękkie i złociste, wyjmij je z piekarnika i pozostaw do całkowitego ostygnięcia.

6. W międzyczasie wymieszaj pozostałe dwie łyżki oleju, ocet, miód, musztardę i sól w innej misce.

7. Posmaruj tą mieszanką liście jarmużu, przesuwając liście rękoma. Odstawić na 3-5 minut.

8. Na koniec dodaj pieczone warzywa, ser, wiśnie i pekan do sałatki z brokułów i kalafiora.

Informacje żywieniowe:Kalorie: 259 kcal Białko: 8,4 g Węglowodany: 23,2 g Tłuszcz: 16,3 g

Chińska sałatka z kurczakiem

Porcje: 3

Czas gotowania: 25 minut

Składniki:

1 średnia zielona cebula (pokrojona w cienkie plasterki)

2 piersi z kurczaka bez kości

2 łyżki sosu sojowego

¼ łyżeczki białego pieprzu

1 łyżka oleju sezamowego

4 szklanki sałaty rzymskiej (posiekana)

1 szklanka kapusty (poszatkowanej)

¼ szklanki marchewki, pokrojonej w drobną kostkę

¼ szklanki cienko pokrojonych migdałów

¼ szklanki makaronu (tylko do serwowania)

Przygotowanie dressingu chińskiego:

1 posiekany ząbek czosnku

1 łyżeczka sosu sojowego

1 łyżka oleju sezamowego

2 łyżki octu ryżowego

1 łyżka cukru

Adresy:

1. Przygotuj sos chiński, mieszając wszystkie składniki w misce.

2. W misce marynuj piersi z kurczaka z czosnkiem, oliwą z oliwek, sosem sojowym i białym pieprzem przez 20 minut.

3. Umieść naczynie do pieczenia w nagrzanym piekarniku (w temperaturze 225 ° C).

4. Umieść piersi z kurczaka w naczyniu do pieczenia i piecz przez około 20 minuty.

5. Aby przygotować sałatkę, połącz sałatę rzymską, kapustę, marchewkę i zieloną cebulę.

6. Aby podać, połóż kawałek kurczaka na talerzu i sałatkę na wierzchu. Wlej trochę dressingu razem z makaronem.

Informacje żywieniowe:Kalorie 130 Węglowodany: 10 g Tłuszcz: 6 g Białko: 10 g

Papryka faszerowana komosą ryżową i amarantusem Porcje: 4

Czas gotowania: 1 godzina i 10 minut

Składniki:

2 łyżki amarantusa

1 średnia cukinia, przycięta i starta

2 dojrzałe pomidory winorośli, pokrojone w kostkę

2/3 szklanki (około 135 g) komosy ryżowej

1 średnia cebula drobno posiekana

2 zmiażdżone ząbki czosnku

1 łyżeczka mielonego kminku

2 łyżki lekko prażonych ziaren słonecznika 75 g świeżego sera ricotta

2 łyżki porzeczek

4 duże papryki, przekrojone wzdłuż na pół i pozbawione nasion 2 łyżki posiekanej natki pietruszki<u>Adresy:</u>

1. Wyłóż blachę do pieczenia, najlepiej dużą, papierem pergaminowym (nieprzywierającym), a następnie rozgrzej wcześniej piekarnik do 350 F.

Napełnij średni rondel około pół litra wody, a następnie dodaj amarantus i komosę ryżową; doprowadzić do wrzenia na umiarkowanym ogniu. Gdy to zrobisz, zmniejsz ciepło do niskiego poziomu; przykryj i gotuj na wolnym ogniu, aż fasola będzie al dente, a woda zostanie wchłonięta, od 12 do 15 minuty. Zdjąć z ognia i zachować.

2. W międzyczasie lekko posmaruj dużą patelnię olejem i rozgrzej na średnim ogniu. Po podgrzaniu dodaj cebulę z cukinią i smaż przez kilka minut, aż zmięknie, często mieszając. Dodaj kminek i czosnek; gotować przez minutę. Zdjąć z ognia i ostudzić.

3. Fasolę, mieszankę cebuli, pestki słonecznika, porzeczki, pietruszkę, ricottę i pomidory umieść w misce, najlepiej dużej; dobrze wymieszaj składniki, aż dobrze się połączą; doprawiamy pieprzem i solą do smaku.

4. Napełnij papryki przygotowaną mieszanką quinoa i umieść na tacy, przykrywając tacę folią aluminiową. Pieczemy od 17 do 20 minuty. Usuń folię i piecz, aż nadzienie się zrumieni, a warzywa będą miękkie, jeszcze 15 do 20 minut.

<u>Informacje żywieniowe:</u>kcal 200 Tłuszcz: 8,5 g Błonnik: 8 g Białko: 15 g

Filet rybny w chrupiącej panierce z sera Porcje: 4

Czas gotowania: 10 minut

Składniki:

¼ szklanki pełnoziarnistej bułki tartej

¼ szklanki tartego parmezanu

¼ łyżeczki soli morskiej ¼ łyżeczki mielonego pieprzu

1 łyżka stołowa. 4 filety tilapia z oliwą z oliwek

Adresy:

1. Rozgrzej piekarnik do 375°F.

2. Do miski dodaj bułkę tartą, parmezan, sól, pieprz i oliwę z oliwek.

3. Dobrze wymieszaj, aż dobrze się połączy.

4. Posmarować filety mieszanką i ułożyć na lekko spryskanej blasze do pieczenia.

5. Umieść blachę w piekarniku.

6. Piec przez 10 minut, aż filety będą ugotowane i zrumienione.

Informacje żywieniowe:Kalorie: 255 Tłuszcz: 7 g Białko: 15,9 g Węglowodany: 34 g Błonnik: 2,6 g

Białkowe fasole i zielone nadziewane muszle

Składniki:

Oryginalna lub morska sól

Oliwa z oliwek

12 uncji. paczka przegrzebków wielkości gatunku (około 40) 1 funt zestalonego szpinaku

2 do 3 ząbków czosnku, obranych i podzielonych

15 do 16 uncji ser ricotta cheddar (najlepiej pełne/pełne mleko) 2 jajka

1 puszka białej fasoli (np. cannellini), odsączonej i zaczerwienionej

½ szklanki zielonego pesto, wykonanego na zamówienie lub zakupionego lokalnie Ciemny pieprz mielony

3 szklanki (lub więcej) sosu marinara

Rozdrobniony Parmezan lub Pecorino Cheddar (opcjonalnie)<u>Adresy:</u>

1. Podgrzej co najmniej 5 litrów wody do wrzenia w dużym garnku (lub pracuj w dwóch mniejszych grupach). Dodaj łyżkę soli, odrobinę oliwy z oliwek i skórki. Bąbelkować przez około 9 minut (lub do uzyskania bardzo twardej konsystencji), mieszając sporadycznie, aby odizolować muszle. Delikatnie wyciśnij muszle do durszlaka lub wyjmij je z wody otwartą łyżką.

Umyć szybko zimną wodą. Wyłóż arkusz grzewczy z obrzeżami plastikową folią. Zanim muszle ostygną na tyle, aby można je było potraktować, rozbij je ręcznie, wylewając nadmiar wody i umieszczając otwór w pojedynczej warstwie pojemnika na liście. Rozłóż plastikową folię stopniowo, gdy będzie praktycznie zimna.

2. Wlej kilka litrów wody (lub użyj pozostałej wody z makaronu, jeśli jej nie wylałeś) do bańki w podobnym garnku. Dodaj zamrożony szpinak i gotuj przez trzy minuty na dużym ogniu, aż zmięknie. Wyłóż durszlak nasączonymi ręcznikami papierowymi, jeśli otwory są duże, a następnie przełóż szpinak. Ustaw sitko nad miską, aby przecedzić więcej, gdy rozpocznie się napełnianie.

3. Włóż sam czosnek do robota kuchennego i miksuj, aż zostanie drobno posiekany i przylgnie do boków. Zeskrobać boki miski, w tym momencie dodać ricottę, jajka, fasolę, pesto, 1½ łyżeczki soli i kilka łyżek pieprzu (duże ściśnięcie). Naciśnij szpinak w dłoni, aby dokładnie wykorzystać pozostałą wodę, a następnie dodaj ją do różnych mocowań w procesorze składników odżywczych. Ugniataj, aż będzie w większości gładka, z kilkoma małymi kawałkami szpinaku wciąż zauważalnymi. Jestem skłonny nie próbować po włączeniu surowego jajka, ale jeśli uważasz, że twój podstawowy smak jest nieco odbiegający i dostosuj smak do smaku.

4. Rozgrzej brojler do 350 (F) i weź prysznic lub lekko naoliwij 9 x 13"

patelni i jeszcze jedno mniejsze danie na gulasz (około 8-10 muszli nie zmieści się w 9 x 13). Aby wypełnić muszle, weź kolejno każdą muszlę, trzymając ją otwartą kciukiem i palcem wskazującym swojej niedominującej ręki. Drugą ręką nabierz 3 do 4 łyżek masy i zeskrob skorupę. Większość z nich nie będzie wyglądać zbyt dobrze, co jest w porządku! Napełnione muszle ułożyć blisko siebie w przygotowanym pojemniku. Wlej sos na muszle, pozostawiając kawałki zielonego nadzienia nie do pomylenia. Nasmaruj miskę kałem i gotuj przez 30 minut. Zwiększ temperaturę do 375 (F), posyp muszle odrobiną mielonego parmezanu (jeśli używasz) i ujawnij ciepło przez kolejne 5

do 10 minut, aż ser cheddar się rozpuści i zmniejszy się ilość wilgoci.

5. Pozostaw do ostygnięcia na 5-10 minut. W tym czasie podawaj z czystym lub świeżym talerzem mieszanych warzyw.

Składniki na azjatycką sałatkę z makaronem:

8 uncji lekkiego makaronu pełnoziarnistego, np. spaghetti (użyj makaronu soba, aby zrobić bezglutenowy) 24 uncje Mann's Broccoli Coleslaw – 2 torebki po 12 uncji 4 uncje rozdrobnionej marchwi

1/4 szklanki oliwy z oliwek extra virgin

1/4 szklanki octu ryżowego

3 łyżki nektaru – użyj lekkiego nektaru z agawy, aby zrobić miłośnika warzyw

3 łyżki gładkiego kremu orzechowego

2 łyżki sosu sojowego o niskiej zawartości sodu – w razie potrzeby bezglutenowego 1 łyżka sosu pieprzowego Sriracha – lub sosu czosnkowo-chiliowego, dodatkowo do smaku

1 łyżka mielonego świeżego imbiru

2 łyżeczki mielonego czosnku – około 4 ząbków 3/4 szklanki prażonych niesolonych orzeszków ziemnych – zwykle posiekanych 3/4 szklanki świeżej kolendry – drobno posiekanej

Adresy:

1. Podgrzej duży garnek osolonej wody, aż się zagotuje. Gotuj makaron, aż będzie nieco twardy, zgodnie z nazwami opakowań. Odcedź i szybko opłucz pod zimną wodą, aby odsączyć nadmiar skrobi i przerwij gotowanie, po

czym przenieś do dużej miski. Do tego surówka z kapusty z brokułami i marchewką.

2. Podczas gotowania makaronu wymieszaj razem oliwę z oliwek, ocet ryżowy, nektar, krem orzechowy, sos sojowy, Sriarcha, imbir i czosnek. Wlać mieszaninę makaronu i wymieszać, aby się skonsolidowała. Dodaj orzeszki ziemne i kolendrę i ponownie wymieszaj. Podawać na zimno lub w temperaturze pokojowej z dodatkowym sosem Sriracha według uznania.

3. Uwagi dotyczące formuły

4. Azjatycka sałatka z makaronem może być podawana na zimno lub w temperaturze pokojowej.

Przechowuj resztki w lodówce w wodoodpornym/hermetycznym pojemniku do 3 dni.

Porcje łososia i zielonej fasoli

Porcje: 4

Czas gotowania: 26 minut

Składniki:

2 łyżki oliwy z oliwek

1 posiekana żółta cebula

4 filety z łososia, bez kości

1 szklanka zielonej fasoli, przyciętej i przekrojonej na pół

2 posiekane ząbki czosnku

½ szklanki bulionu z kurczaka

1 łyżeczka chili w proszku

1 łyżeczka słodkiej papryki

Szczypta soli i czarnego pieprzu.

1 łyżka posiekanej kolendry

Adresy:

1. Rozgrzać patelnię z olejem na średnim ogniu, dodać cebulę, wymieszać i smażyć 2 minuty.

2. Dodaj rybę i smaż przez 2 minuty z każdej strony.

3. Dodaj pozostałe składniki, delikatnie wymieszaj i piecz wszystko w temperaturze 360 stopni F przez 20 minut.

4. Rozłóż wszystko na talerze i podawaj na obiad.

Informacje żywieniowe:Kalorie 322, Tłuszcz 18,3, Błonnik 2, Węglowodany 5,8, Białko 35,7

Składniki na kurczaka faszerowanego serem:

2 szczypiorek (rzadko pokrojony)

2 papryczki jalapeño z pestkami (rzadko pokrojone)

1/4 szklanki kolendry

1 łyżeczka limonki oomph

4 uncje Cheddar Monterey Jack (grubo mielony) 4 piersi z kurczaka bez kości i skóry

3 łyżki oliwy z oliwek

Sól

Pieprz

3 łyżki soku z limonki

2 czerwone papryki (drobno pokrojone)

1/2 małej czerwonej cebuli (rzadko posiekanej)

5 w. porwana sałata rzymska

Adresy:

1. Podgrzej brojler do 450 ° F. W misce skonsoliduj scallions i jalapeños z nasionami, 1/4 szklanki kolendry (posiekanej) i gotową limonkę, po czym wymieszaj z serem Monterey Jack cheddar.

2. Umieść ostrze w najgrubszym kawałku każdej piersi z kurczaka bez kości i skóry i poruszaj się tam iz powrotem, aby zrobić wgłębienie o szerokości 2 1/2 cala, tak szerokie, jak to tylko możliwe bez eksperymentowania. . Napełnij kurczaka mieszanką sera cheddar.

3. Podgrzej 2 łyżki oliwy z oliwek na dużej patelni na średnim ogniu.

Dopraw kurczaka solą i pieprzem i smaż, aż z jednej strony będzie ciemniejszy, 3 do 4 minut. Odwróć kurczaka i grilluj, aż się ugotuje, od 10 do 12 minut.

4. W międzyczasie w dużej misce wymieszaj sok z cytryny, 1

łyżka oliwy z oliwek i 1/2 łyżeczki soli. Dodaj paprykę i fioletową cebulę i odstaw na 10 minut, sporadycznie mieszając. Dodaj sałatę rzymską i 1 szklankę świeżej kolendry. Podawaj z kurczakiem i ćwiartkami limonki.

Rukola z dressingiem z gorgonzoli

Porcje: 4

Czas gotowania: 0 minut

Składniki:

1 pęczek rukoli, oczyszczony

1 gruszka, pokrojona w cienkie plasterki

1 łyżka świeżego soku z cytryny

1 rozgnieciony ząbek czosnku

1/3 szklanki sera gorgonzola, pokruszonego

1/4 szklanki bulionu warzywnego o obniżonej zawartości sodu

świeżo zmielony pieprz

4 łyżeczki oliwy z oliwek

1 łyżka octu jabłkowego

Adresy:

1. Umieść plasterki gruszki i sok z cytryny w misce. Wrzucić do płaszcza.

Ułóż plastry gruszki razem z rukolą na półmisku.

2. W misce połącz ocet, olej, ser, bulion, pieprz i czosnek. Pozostawić do działania na 5 minut, wyjąć czosnek. Nałóż dressing, a następnie podawaj.

Informacje żywieniowe:Kalorie 145 Węglowodany: 23 g Tłuszcz: 4 g Białko: 6 g

porcje zupy z kapusty

Porcje: 6

Czas gotowania: 35 minut

Składniki:

1 posiekana żółta cebula

1 zielona kapusta, posiekana

2 łyżki oliwy z oliwek

5 szklanek bulionu warzywnego

1 marchewka, obrana i starta

Szczypta soli i czarnego pieprzu.

1 łyżka posiekanej kolendry

2 łyżeczki posiekanego tymianku

½ łyżeczki wędzonej papryki

½ łyżeczki ostrej papryki

1 łyżka soku z cytryny

Porcje ryżu kalafiorowego

Porcje: 4

Czas gotowania: 10 minut

Składniki:

¼ szklanki oleju jadalnego

1 łyżka stołowa. Olej kokosowy

1 łyżka stołowa. cukier kokosowy

4 szklanki kalafiora, rozdrobnionego na ½ łyżeczki różyczki. Sól

Adresy:

1. Najpierw zmiksuj kalafior w robocie kuchennym i przetwarzaj przez 1 do 2 minut.

2. Rozgrzej olej na dużej patelni na średnim ogniu, a następnie dodaj kalafior z ryżem, cukrem kokosowym i solą.

3. Dobrze wymieszaj i gotuj przez 4 do 5 minut, aż kalafior będzie lekko miękki.

4. Na koniec wlej mleko kokosowe i ciesz się.

Informacje żywieniowe:Kalorie 108 Kcal Białka: 27,1 g Węglowodany: 11 g
Tłuszcze: 6 g

Porcje szpinaku i feta frittata

Porcje: 4

Czas gotowania: 10 minut

Składniki:

½ małej czerwonej cebuli

250g szpinaku baby

½ szklanki sera feta

1 łyżka pasty czosnkowej

4 ubite jajka

mieszanka przypraw

Sól i pieprz do smaku

1 łyżka oliwy z oliwek

Adresy:

1. Dodaj jedną drobno posiekaną cebulę na oleju i smaż na średnim ogniu.

2. Dodaj szpinak do jasnobrązowej cebuli i mieszaj 2 min.

3. Do jajek dodać schłodzoną mieszankę szpinaku i cebuli.

4. Teraz dodaj pastę czosnkową, sól i pieprz i wymieszaj.

5. Gotuj tę mieszaninę na małym ogniu i delikatnie wbij jajka.

6. Dodaj fetę do jajek i umieść patelnię pod już rozgrzanym grillem.

7. Smaż przez około 2 do 3 minut, aż frittata nabierze złotego koloru.

8. Podawaj tę feta frittata na ciepło lub na zimno.

Informacje żywieniowe: Kalorie 210 Węglowodany: 5 g Tłuszcz: 14 g Białko: 21 g

Naklejki z pieczonego kurczaka Składniki:

1 funt mielonego kurczaka

1/2 szklanki posiekanej kapusty

1 marchewka, obrana i zniszczona

2 ząbki czosnku, wyciśnięte

2 zielone cebule, cienko pokrojone

1 łyżka sosu sojowego o obniżonej zawartości sodu

1 łyżka sosu hoisin

1 łyżka naturalnie mielonego imbiru

2 łyżeczki oleju sezamowego

1/4 łyżeczki mielonego białego pieprzu

36 wygranych opakowań

2 łyżki oleju roślinnego

NA GORĄCY SOS OLEJOWY CHILI:

1/2 szklanki oleju roślinnego

1/4 szklanki suszonych czerwonych papryczek chilli, zmiażdżonych

2 posiekane ząbki czosnku

Adresy:

1. Rozgrzej olej roślinny na małej patelni na średnim ogniu. Wrzuć zmiażdżoną paprykę i czosnek, mieszając od czasu do czasu, aż olej osiągnie 180 stopni F, około 8-10 minut; umieścić w bezpiecznym miejscu.

2. W dużej misce połącz kurczaka, kapustę, marchewkę, czosnek, dymkę, sos sojowy, sos hoisin, imbir, olej sezamowy i biały pieprz.

3. Aby zebrać klopsiki, umieść opakowanie na powierzchni roboczej.

Wlej 1 łyżkę mieszanki z kurczaka w centralny punkt każdego opakowania. Za pomocą palca natrzyj wodą brzegi owijek. Złóż mieszaninę na nadzieniu, aby utworzyć półksiężyc, ściskając krawędzie, aby się zapieczętowały.

4. Rozgrzej olej roślinny na dużej patelni na średnim ogniu.

Umieść naklejki na garnki w jednej warstwie i gotuj, aż będą błyszczące i chłodne, około 2-3 minuty z każdej strony.

5. Podawaj szybko z gorącym sosem z oleju gulaszowego.

Krewetki czosnkowe z grysem kalafiorowym

Porcje: 2

Czas gotowania: 15 minut

Składniki:

Aby przygotować krewetki

1 funt krewetek

2-3 łyżki przyprawy cajun

Sól

1 łyżka masła/ghee

Do przygotowania kaszy kalafiorowej

2 łyżki klarowanego masła

12 uncji kalafiora

1 ząbek czosnku

Sól dla smaku

Adresy:

1. Ugotuj kalafior i czosnek w 8 uncjach wody na średnim ogniu do miękkości.

2. Zmiksuj młody kalafior w robocie kuchennym z ghee. Stopniowo dodawaj gotującą się wodę, aby uzyskać odpowiednią konsystencję.

3. Posyp krewetki 2 łyżkami przyprawy Cajun i pozostaw do zamarynowania.

4. Na dużej patelni weź 3 łyżki ghee i gotuj krewetki na średnim ogniu.

5. Umieść dużą łyżkę kaszy kalafiorowej w misce i udekoruj smażonymi krewetkami.

Informacje żywieniowe:Kalorie 107 Węglowodany: 1 g Tłuszcz: 3 g Białko: 20 g

Tuńczyk z brokułami

Porcje: 1

Czas gotowania: 10 minut

Składniki:

1 łyżeczka oliwy z oliwek extra vergine

3 uncje Tuńczyk w wodzie, najlepiej lekki i gruby, odsączony 1 łyżka. Grubo posiekane orzechy włoskie

2 szklanki brokułów, drobno posiekanych

½ łyżeczki ostrego sosu

Adresy:

1. Zacznij od wymieszania brokułów, przypraw i tuńczyka w dużej misce, aż dobrze się połączą.

2. Następnie wstaw warzywa do kuchenki mikrofalowej na 3 minuty lub do miękkości.

3. Następnie dodaj do miski orzechy i oliwę z oliwek i dobrze wymieszaj.

4. Podawaj i ciesz się.

<u>Informacje żywieniowe:</u>Kalorie 259 Kcal Białka: 27,1 g Węglowodany: 12,9 g Tłuszcze: 12,4 g

Zupa z krewetek z dyni piżmowej Porcje: 4

Czas gotowania: 20 minut

Składniki:

3 łyżki niesolonego masła

1 mała czerwona cebula, drobno posiekana

1 pokrojony ząbek czosnku

1 łyżeczka kurkumy

1 łyżeczka soli

¼ łyżeczki świeżo zmielonego czarnego pieprzu

3 szklanki bulionu warzywnego

2 szklanki obranych dyni piżmowych pokrojonych w ¼-calowe kostki 1 funt ugotowanych obranych krewetek, rozmrożonych w razie potrzeby 1 szklanka niesłodzonego mleka migdałowego

¼ szklanki posiekanych migdałów (opcjonalnie)

2 łyżki drobno posiekanej świeżej pietruszki 2 łyżeczki startej lub posiekanej skórki z cytryny

Adresy:

1. Rozpuścić masło na dużym ogniu w dużym garnku.

2. Dodaj cebulę, czosnek, kurkumę, sól i pieprz i smaż, aż warzywa będą miękkie i przezroczyste, od 5 do 7 minut.

3. Dodaj bulion i dynię i zagotuj.

4. Gotuj na małym ogniu przez 5 minut.

5. Dodaj krewetki i mleko migdałowe i gotuj, aż się rozgrzeje, około 2 minut.

6. Posyp migdałami (jeśli używasz), natką pietruszki i skórką z cytryny i podawaj.

Informacje żywieniowe:Kalorie 275 Tłuszcz ogółem: 12 g Węglowodany ogółem: 12 g Cukier: 3 g Błonnik: 2 g Białko: 30 g Sód: 1665 mg

Pikantne pieczone kulki z indyka Porcje: 6

Czas gotowania: 30 minut

Składniki:

1 funt mielonego indyka

½ szklanki świeżej białej lub pełnoziarnistej bułki tartej ½ szklanki świeżo startego parmezanu

½ łyżki bazylii, świeżo posiekanej

½ łyżki oregano, świeżo posiekanego

1 sztuka duże jajko, ubite

1 łyżka stołowa. natka pietruszki, świeżo posiekana

3 łyżki mleka lub wody

Szczypta soli i pieprzu

Szczypta świeżo startej gałki muszkatołowej

Adresy:

1. Rozgrzej piekarnik do 350°F.

2. Dwie formy do pieczenia wyłóż papierem do pieczenia.

3. Dodaj wszystkie składniki do dużej miski.

4. Z masy uformuj 1-calowe kulki i umieść każdą kulkę w naczyniu do pieczenia.

5. Włóż patelnię do piekarnika.

6. Piecz przez 30 minut lub do momentu, aż indyk się upiecze, a powierzchnie zbrązowieją.

7. Obróć klopsiki raz w połowie gotowania.

Informacje żywieniowe:Kalorie: 517 kcal Tłuszcz: 17,2 g Białko: 38,7 g Węglowodany: 52,7 g Błonnik: 1 g

Porcje jasnej zupy z małży

Porcje: 4

Czas gotowania: 15 minut

Składniki:

2 łyżki niesolonego masła

2 średnie marchewki, pokrojone na ½-calowe kawałki

2 łodygi selera, pokrojone w cienkie plasterki

1 mała czerwona cebula, pokrojona w ¼-calowe kostki

2 ząbki czosnku, pokrojone

2 szklanki bulionu warzywnego

1 (8 uncji) butelka soku z małży

1 (10 uncji) puszka małży

½ łyżeczki suszonego tymianku

½ łyżeczki soli

¼ łyżeczki świeżo zmielonego czarnego pieprzu

Adresy:

1. Rozpuścić masło w dużym garnku na dużym ogniu.

2. Dodaj marchewkę, seler, cebulę i czosnek i smaż przez 2 do 3 minut, aż lekko zmiękną.

3. Dodaj bulion i sok z małży i zagotuj.

4. Doprowadź do wrzenia i gotuj, aż marchewka będzie miękka, od 3 do 5 minut.

5. Dodaj małże i ich soki, tymianek, sól i pieprz, podgrzewaj 2-3 minuty i podawaj.

Informacje żywieniowe: Kalorie 156 Tłuszcz ogółem: 7 g Węglowodany ogółem: 7 g Cukier: 3 g Błonnik: 1 g Białko: 14 g Sód: 981 mg

Porcje ryżu i kurczaka w garnku

Porcje: 4

Czas gotowania: 25 minut

Składniki:

1 funt piersi z kurczaka z wolnego wybiegu, bez kości i bez skóry ¼ szklanki brązowego ryżu

¾ funta ulubione pieczarki pokrojone w plastry

1 pokrojony por

¼ szklanki posiekanych migdałów

1 szklanka wody

1 łyżka stołowa. Oliwa z oliwek

1 szklanka zielonej fasoli

½ szklanki octu jabłkowego

2 łyżki stołowe. mąka uniwersalna

1 szklanka niskotłuszczowego mleka

¼ szklanki parmezanu, świeżo startego

¼ szklanki kwaśnej śmietany

Szczypta soli morskiej, w razie potrzeby dodaj więcej

mielony czarny pieprz do smaku

Adresy:

1. Wsyp brązowy ryż do garnka. Dodaj wodę. Przykryć i doprowadzić do wrzenia. Zmniejsz ogień, a następnie gotuj na wolnym ogniu przez 30 minut lub do momentu ugotowania ryżu.

2. W międzyczasie na patelni dodaj pierś z kurczaka i zalej taką ilością wody, aby ją przykryła, dopraw solą. Doprowadź mieszaninę do wrzenia, a następnie zmniejsz ogień i gotuj na wolnym ogniu przez 10 minut.

3. Rozdrobnij kurczaka. Odłożyć na bok.

4. Podgrzej oliwę z oliwek. Ugotować pory do miękkości. Dodaj grzyby.

5. Wlej ocet jabłkowy do mieszanki. Podsmaż mieszaninę, aż ocet odparuje. Dodaj mąkę i mleko na patelnię.

Posyp parmezanem i dodaj śmietanę. Dopraw czarnym pieprzem.

6. Rozgrzej piekarnik do 350 stopni F. Lekko nasmaruj rondel olejem.

7. Rozłóż ugotowany ryż na zapiekance, a następnie posiekanego kurczaka i zieloną fasolkę na wierzchu. Dodaj sos grzybowy i pory.

Połóż migdały na wierzchu.

8. Piec w ciągu 20 minut lub do uzyskania złotego koloru. Pozwól ostygnąć przed podaniem.

Informacje żywieniowe:Kalorie 401 Węglowodany: 54 g Tłuszcz: 12 g Białko: 20 g

Smażone krewetki Jambalaya Jumble Liczba porcji: 4

Czas gotowania: 30 minut

Składniki:

10 uncji średnie krewetki, obrane

¼ szklanki posiekanego selera ½ szklanki posiekanej cebuli

1 łyżka stołowa. olej lub masło ¼ łyżeczki mielonego czosnku

¼ łyżeczki soli cebulowej lub morskiej

⅓ szklanki sosu pomidorowego ½ łyżeczki wędzonej papryki

½ łyżeczki sosu Worcestershire

⅔ szklanki posiekanej marchewki

1¼ szklanki kiełbasy z kurczaka, ugotowanej i pokrojonej w kostkę 2 szklanki soczewicy, namoczonej przez noc i wstępnie ugotowanej 2 szklanki okry, posiekanej

Szczypta mielonego czerwonego pieprzu i czarnego pieprzu Parmezan, tarty do posypania (opcjonalnie)<u>Adresy:</u>

1. Smaż krewetki, seler i cebulę na oleju na patelni ustawionej na średnim ogniu przez pięć minut lub do momentu, aż krewetki staną się różowe.

2. Dodaj pozostałe składniki i smaż przez 10 minut lub do miękkości warzyw.

3. Aby podać, podziel mieszankę jambalaya równomiernie na cztery miski.

4. W razie potrzeby posyp pieprzem i serem.

Informacje żywieniowe:Kalorie: 529 Tłuszcz: 17,6 g Białko: 26,4 g Węglowodany: 98,4 g Błonnik: 32,3 g

Chili Porcje Kurczaka

Porcje: 6

Czas gotowania: 1 godzina

Składniki:

1 posiekana żółta cebula

2 łyżki oliwy z oliwek

2 posiekane ząbki czosnku

1 funt piersi z kurczaka, bez skóry, bez kości i pokrojony w kostkę 1 zielona papryka, posiekana

2 szklanki bulionu z kurczaka

1 łyżka kakao w proszku

2 łyżki chili w proszku

1 łyżeczka wędzonej papryki

1 szklanka pomidorów z puszki, posiekanych

1 łyżka posiekanej kolendry

Szczypta soli i czarnego pieprzu.

Adresy:

1. Rozgrzej garnek z olejem na średnim ogniu, dodaj cebulę i czosnek i smaż przez 5 minut.

2. Dodać mięso i smażyć jeszcze przez 5 minut.

3. Dodać pozostałe składniki, wymieszać, gotować na średnim ogniu przez 40 minut.

4. Rozłóż chili do miseczek i podawaj na obiad.

Informacje żywieniowe:Kalorie 300, Tłuszcz 2, Błonnik 10, Węglowodany 15, Białko 11

Porcje zupy z czosnku i soczewicy

Porcje: 4

Czas gotowania: 15 minut

Składniki:

2 łyżki oliwy z oliwek extra vergine

2 średnie marchewki, cienko pokrojone

1 mała biała cebula, pokrojona w ¼-calowe kostki

2 ząbki czosnku, cienko pokrojone

1 łyżeczka mielonego cynamonu

1 łyżeczka soli

¼ łyżeczki świeżo zmielonego czarnego pieprzu

3 szklanki bulionu warzywnego

1 (15 uncji) puszka soczewicy, odsączonej i wypłukanej 1 łyżka stołowa posiekanej lub startej skórki pomarańczowej

¼ szklanki posiekanych orzechów włoskich (opcjonalnie)

2 łyżki drobno posiekanej świeżej pietruszki o płaskich liściachAdresy:

1. Rozgrzej olej na dużym ogniu w dużym garnku.

2. Włóż marchewkę, cebulę i czosnek i smaż, aż zmiękną, 5 do 7 minuty.

3. Dodaj cynamon, sól i pieprz i wymieszaj, aby równomiernie pokryć warzywa, od 1 do 2 minut.

4. Włóż bulion i zagotuj. Doprowadzić do wrzenia, następnie dodać soczewicę i gotować przez maksymalnie 1 minutę.

5. Dodaj skórkę pomarańczową i podawaj posypane orzechami włoskimi (jeśli używasz) i natką pietruszki.

Informacje żywieniowe:Kalorie 201 Tłuszcz ogółem: 8 g Węglowodany ogółem: 22 g Cukier: 4 g Błonnik: 8 g Białko: 11 g Sód: 1178 mg

Ostra Cukinia I Kurczak W Klasycznym Santa Fe Stir-Fry

Porcje: 2

Czas gotowania: 15 minut

Składniki:

1 łyżka stołowa. Oliwa z oliwek

2 kawałki piersi z kurczaka, pokrojone w plastry

1 sztuka cebuli, mała, pokrojona w kostkę

2 ząbki czosnku, posiekane 1 cukinia pokrojona w kostkę ½ szklanki startej marchwi

1 łyżeczka wędzonej papryki 1 łyżeczka mielonego kminku

½ łyżeczki chili w proszku ¼ łyżeczki soli morskiej

2 łyżki stołowe. świeży sok z cytryny

¼ szklanki świeżo posiekanej kolendry

Brązowy ryż lub komosa ryżowa podczas serwowania

Adresy:

1. Podsmaż kurczaka na oliwie z oliwek przez około 3 minuty, aż się zrumieni. Odłożyć na bok.

2. Użyj tego samego woka i dodaj cebulę i czosnek.

3. Gotuj, aż cebula zmięknie.

4. Dodaj marchewkę i cukinię.

5. Mieszaj mieszaninę i gotuj dalej przez około minutę.

6. Dodaj wszystkie przyprawy do mieszanki i mieszaj, aby gotować przez kolejną minutę.

7. Włóż kurczaka z powrotem do woka i wlej sok z cytryny.

8. Mieszaj, aby gotować, aż wszystko się ugotuje.

9. Przed podaniem nałóż miksturę na ugotowany ryż lub komosę ryżową i posyp świeżo posiekaną kolendrą.

<u>Informacje żywieniowe:</u>Kalorie: 191 Tłuszcz: 5,3 g Białko: 11,9 g Węglowodany: 26,3 g Błonnik: 2,5 g

Tilapia tacos z imponującą sałatką z imbiru i sezamu

Porcje: 4

Czas gotowania: 5 godzin.

Składniki:

1 łyżeczka startego świeżego imbiru

Sól i świeżo zmielony czarny pieprz do smaku 1 łyżeczka stewii

1 łyżka sosu sojowego

1 łyżka oliwy z oliwek

1 łyżka soku z cytryny

1 łyżka jogurtu naturalnego

1,5 funta filetów z tilapii

1 szklanka mieszanki sałatek coleslaw

Adresy:

1. Włącz Instant Pot, dodaj wszystkie składniki z wyjątkiem filetów z tilapii i sałatki colesław i mieszaj, aż dobrze się połączą.

2. Następnie dodaj filety, mieszaj, aż dobrze się pokryją, zamknij pokrywką, dociśnij

przycisk „wolne gotowanie" i gotować przez 5 godzin, przewracając filety w połowie.

3. Po zakończeniu przenieś filety na talerz i pozostaw do całkowitego ostygnięcia.

4. Aby przygotować posiłek, podziel sałatkę coleslaw na cztery hermetyczne pojemniki, dodaj tilapię i przechowuj w lodówce do trzech dni.

5. Kiedy będziesz gotowy do jedzenia, podgrzej tilapię w kuchence mikrofalowej, aż będzie gorąca, a następnie podawaj z sałatką coleslaw.

Informacje żywieniowe:Kalorie 278, tłuszcz ogółem 7,4 g, węglowodany ogółem 18,6 g, białko 35,9 g, cukier 1,2 g, błonnik 8,2 g, sód 194 mg

Gulasz z soczewicy curry

Porcje: 4

Czas gotowania: 15 minut

Składniki:

1 łyżka oliwy z oliwek

1 posiekana cebula

2 posiekane ząbki czosnku

1 łyżka ekologicznej przyprawy curry

4 szklanki organicznego bulionu warzywnego o niskiej zawartości sodu 1 szklanka czerwonej soczewicy

2 szklanki dyni, ugotowanej

1 szklanka jarmużu

1 łyżeczka kurkumy

sól morska do smaku

Adresy:

1. Podsmaż oliwę z cebulą i czosnkiem w dużym garnku na średnim ogniu, dodaj. Smaż przez 3 minuty.

2. Dodaj ekologiczną przyprawę curry, bulion warzywny i soczewicę i zagotuj. Gotuj przez 10 minut.

3. Dodaj ugotowaną dynię i jarmuż.

4. Dodaj kurkumę i sól morską do smaku.

5. Podawaj gorące.

Informacje żywieniowe:Węglowodany ogółem 41 g Błonnik pokarmowy: 13 g Białko: 16 g Tłuszcz ogółem: 4 g Kalorie: 252

Sałatka Caesar z Jarmużem Z Grillowanym Kurczakiem Wrap

Porcje: 2

Czas gotowania: 20 minut

Składniki:

6 filiżanek jarmużu pokrojonego na małe kawałki ½ gotowanego jajka; Gotowany

8 uncji grillowanego kurczaka, cienko pokrojonego

½ łyżeczki musztardy Dijon

¾ szklanki parmezanu, drobno startego

czarny pieprz

Sól koszerna

1 posiekany ząbek czosnku

1 szklanka pomidorków cherry, pokrojonych w ćwiartki

1/8 szklanki soku z cytryny, świeżo wyciśniętego

2 duże tortille lub dwa podpłomyki Lavash

1 łyżeczka agawy lub miodu

1/8 szklanki oliwy z oliwek

Adresy:

1. W dużej misce połącz połowę ugotowanego jajka z musztardą, mielonym czosnkiem, miodem, oliwą z oliwek i sokiem z cytryny. Ubijaj do uzyskania konsystencji zbliżonej do dressingu. Doprawiamy pieprzem i solą do smaku.

2. Dodaj pomidorki koktajlowe, kurczaka i jarmuż; delikatnie wymieszaj, aż dobrze pokryje się sosem, a następnie dodaj ¼ szklanki parmezanu.

3. Rozłóż podpłomyki i równomiernie rozłóż przygotowaną sałatkę na bułkach; posyp każdą około ¼ szklanki parmezanu.

4. Zwiń owijki i przekrój na pół. Podawaj natychmiast i ciesz się.

Informacje żywieniowe: kcal 511 Tłuszcz: 29 g Błonnik: 2,8 g Białko: 50 g

Sałatka z fasoli i szpinaku Porcje: 1

Czas gotowania: 5 minut

Składniki:

1 szklanka świeżego szpinaku

¼ szklanki czarnej fasoli z puszki

½ szklanki ciecierzycy z puszki

½ szklanki grzybów cremini

2 łyżki organicznego winegretu balsamicznego 1 łyżka oliwy z oliwek

Adresy:

1. Gotuj grzyby cremini z oliwą z oliwek na małym, średnim ogniu przez 5 minut, aż lekko się zrumienią.

2. Złóż sałatkę, dodając świeży szpinak do talerza i polewając fasolą, grzybami i sosem balsamicznym.

Informacje żywieniowe:Węglowodany ogółem 26 g Błonnik pokarmowy: 8 g Białko: 9 g Tłuszcz ogółem: 15 g Kalorie: 274

Łosoś w panierce z orzechami włoskimi i rozmarynem Porcje: 6

Czas gotowania: 20 minut

Składniki:

1 posiekany ząbek czosnku

1 łyżka musztardy Dijon

¼ łyżki skórki z cytryny

1 łyżka soku z cytryny

1 łyżka świeżego rozmarynu

1/2 łyżki miodu

Oliwa z oliwek

Świeża pietruszka

3 łyżki posiekanych orzechów włoskich

1 funt łososia bez skóry

1 łyżka zmiażdżonej świeżej czerwonej papryki

Sól pieprz

Plasterki cytryny do dekoracji

3 łyżki bułki tartej Panko

1 łyżka oliwy z oliwek extra virgin

Adresy:

1. Rozłóż blachę do pieczenia w piekarniku i rozgrzej do 240ºC.

2. W misce wymieszaj pastę musztardową, czosnek, sól, oliwę z oliwek, miód, sok z cytryny, zmiażdżoną czerwoną paprykę, rozmaryn i miód.

3. Połącz panko, orzechy włoskie i olej i rozłóż cienki plasterek ryby na blasze do pieczenia. Skrop równomiernie oliwą z obu stron ryby.

4. Nałóż mieszankę orzechową na łososia z mieszanką musztardową na wierzchu.

5. Piecz łososia przez prawie 12 minut. Udekoruj świeżą pietruszką i kawałkami cytryny i podawaj na gorąco.

Informacje żywieniowe: Kalorie 227 Węglowodany: 0 g Tłuszcz: 12 g Białko: 29 g

Pieczone Bataty Z Czerwonym Sosem Tahini

Porcje: 4

Czas gotowania: 30 minut

Składniki:

15 uncji ciecierzycy z puszki

4 średnie słodkie ziemniaki

½ łyżki oliwy z oliwek

1 szczypta soli

1 łyżka soku z limonki

1/2 łyżki kminku, kolendry i papryki w proszku do sosu czosnkowo-ziołowego

¼ szklanki sosu tahini

½ łyżki soku z limonki

3 ząbki czosnku

Sól dla smaku

Adresy:

1. Rozgrzej piekarnik do 204°C. Ciecierzycę wymieszaj z solą, przyprawami i oliwą z oliwek. Rozłóż je na blasze aluminiowej.

2. Cienkie plastry słodkich ziemniaków posmarować olejem, ułożyć na marynowanej fasoli i upiec.

3. W przypadku sosu wymieszaj wszystkie dodatki w misce. Dodaj trochę wody, ale zachowaj gęstą konsystencję.

4. Po 25 minutach wyjmij słodkie ziemniaki z piekarnika.

5. Udekoruj sałatkę z pieczonych słodkich ziemniaków z ciecierzycy pikantnym sosem czosnkowym.

Informacje żywieniowe:Kalorie 90 Węglowodany: 20 g Tłuszcz: 0 g Białko: 2 g

Porcje włoskiej letniej zupy z dyni

Porcje: 4

Czas gotowania: 15 minut

Składniki:

3 łyżki oliwy z oliwek extra vergine

1 mała czerwona cebula, cienko pokrojona

1 posiekany ząbek czosnku

1 szklanka startej cukinii

1 szklanka startej żółtej dyni

½ szklanki startej marchewki

3 szklanki bulionu warzywnego

1 łyżeczka soli

2 łyżki drobno posiekanej świeżej bazylii

1 łyżka drobno posiekanego świeżego szczypiorku

2 łyżki orzeszków piniowych

Adresy:

1. Rozgrzej olej na dużym ogniu w dużym garnku.

2. Dodaj cebulę i czosnek i smaż, aż zmiękną, od 5 do 7 minut.

3. Dodaj cukinię, żółtą dynię i marchewkę i smaż, aż zmiękną, 1 do 2 minut.

4. Dodaj bulion i sól i zagotuj. Gotuj na małym ogniu przez 1 do 2 minut.

5. Dodaj bazylię i szczypiorek i podawaj posypane orzeszkami pinii.

Informacje żywieniowe:Kalorie 172 Tłuszcz ogółem: 15 g Węglowodany ogółem: 6 g Cukier: 3 g Błonnik: 2 g Białko: 5 g Sód: 1170 mg

Porcje zupy szafranowo-łososiowej

Porcje: 4

Czas gotowania: 20 minut

Składniki:

¼ szklanki oliwy z oliwek extra virgin

2 pory, tylko białe części, pokrojone w cienkie plasterki

2 średnie marchewki, cienko pokrojone

2 ząbki czosnku, cienko pokrojone

4 szklanki bulionu warzywnego

1 funt filetów z łososia bez skóry, pokrojonych na 1-calowe kawałki 1 łyżeczka soli

¼ łyżeczki świeżo zmielonego czarnego pieprzu

¼ łyżeczki nitek szafranu

2 szklanki szpinaku baby

½ szklanki wytrawnego białego wina

2 łyżki posiekanego szczypiorku, części białej i zielonej 2 łyżki drobno posiekanej świeżej pietruszkiAdresy:

1. Rozgrzej olej na dużym ogniu w dużym garnku.

2. Dodaj pory, marchewkę i czosnek i smaż, aż zmiękną, 5 do 7 minuty.

3. Wlej bulion i zagotuj.

4. Doprowadzić do wrzenia i dodać łososia, sól, pieprz i szafran. Gotuj, aż łosoś się ugotuje, około 8 minut.

5. Dodaj szpinak, wino, szczypiorek i pietruszkę i gotuj, aż szpinak zwiędnie, 1 do 2 minut, i podawaj.

Informacje żywieniowe:Kalorie 418 Tłuszcz ogółem: 26 g Węglowodany ogółem: 13 g Cukier: 4 g Błonnik: 2 g Białko: 29 g Sód: 1455 mg

Pikantno-Kwaśna Zupa Pieczarkowa z Krewetkami o Tajskim Smaku

Porcje: 6

Czas gotowania: 38 minut

Składniki:

3 łyżki niesolonego masła

1 funt krewetek, obranych i pozbawionych żyłek

2 łyżeczki mielonego czosnku

1-calowy kawałek korzenia imbiru, obrany

1 średnia cebula, pokrojona w kostkę

1 tajskie czerwone chili, posiekane

1 łodyga trawy cytrynowej

½ łyżeczki świeżej skórki z limonki

Sól i świeżo zmielony czarny pieprz do smaku 5 szklanek bulionu z kurczaka

1 łyżka oleju kokosowego

½ funta grzybów cremini, pokrojonych w plasterki

1 mała zielona cukinia

2 łyżki świeżego soku z limonki

2 łyżki sosu rybnego

¼ pęczka świeżej tajskiej bazylii, posiekanej

¼ pęczka posiekanej świeżej kolendry

Adresy:

1. Weź duży garnek, postaw na średnim ogniu, dodaj masło, a kiedy się roztopi, dodaj krewetki, czosnek, imbir, cebulę, chilli, trawę cytrynową i skórkę z limonki, dopraw solą i czarnym pieprzem, smaż przez 3 minuty.

2. Wlać bulion, gotować na wolnym ogniu przez 30 minut, następnie przecedzić.

3. Rozgrzej dużą patelnię na średnim ogniu, dodaj olej, a gdy będzie gorący, dodaj pieczarki i cukinię, dopraw solą i czarnym pieprzem i smaż przez 3 minuty.

4. Dodaj mieszaninę krewetek na patelnię, gotuj na wolnym ogniu przez 2 minuty, skrop sokiem z cytryny i sosem rybnym i gotuj przez 1 minutę.

5. Spróbuj doprawić, a następnie zdejmij patelnię z ognia, udekoruj kolendrą i bazylią i podawaj.

Informacje żywieniowe:Kalorie 223, tłuszcz ogółem 10,2 g, węglowodany ogółem 8,7 g, białko 23 g, cukier 3,6 g, sód 1128 mg

Orzo z suszonymi pomidorami Składniki:

1 funt piersi z kurczaka bez kości, bez skóry, pokrojony w kostki 3/4 cala

1 łyżka + 1 łyżeczka oliwy z oliwek

Sól i ostry mielony ciemny pieprz

2 posiekane ząbki czosnku

1/4 szklanki (8 uncji) suchego makaronu orzo

2 3/4 szklanki niskosodowego bulionu z kurczaka, w tym momencie bardziej wymieszanego (nie używaj zwykłych soków, będzie zbyt słony) 1/3 szklanki oleju ziołowego części suszonych pomidorów (około 12 części. Wstrząśnij dużą ilością oleju), drobno posiekane w robocie kuchennym

1/2 - 3/4 szklanki drobno posiekanego sera parmezan cheddar, do smaku
1/3 szklanki posiekanej chrupkiej bazylii

Adresy:

1. Podgrzej 1 łyżkę oliwy z oliwek na patelni saute na średnim ogniu.

2. Gdy kurczak się zarumieni, dopraw lekko solą i pieprzem i gotuj, aż zacznie się błyszczeć, około 3 minut, odwróć na drugą stronę I smaż, aż będzie lśniący, ciemny i dobrze ugotowany, około 3 minut. Przenieś kurczaka na talerz, posmaruj folią, aby się rozgrzał.

3. Dodaj 1 łyżeczkę oliwy z oliwek do podsmażenia potrawy; w tym momencie dodaj czosnek i smaż przez 20 sekund lub tylko do momentu, aż zacznie delikatnie błyszczeć, w tym czasie wlej soki z kurczaka, zgarniając ugotowane kawałki z dna patelni.

4. Doprowadzić bulion do wrzenia w tym momencie, dodać makaron orzo, zmniejszyć ogień na średnią patelnię z zamkniętą pokrywką i delikatnie bulgotać przez 5 minut w tym momencie, rozwinąć, mieszać i dalej bulgotać, aż orzo będzie gotowe. delikatny, około 5 minut dłużej, czasami mieszając (nie martw się, jeśli zostanie jeszcze trochę soku, trochę go ugryzie).

5. Gdy makaron będzie w pełni ugotowany, wrzuć kurczaka z orzo i zdejmij z ognia. Dodaj parmezan cheddar i mieszaj, aż się rozpuści, po czym dodaj suszone pomidory, bazylię i dopraw

z pieprzem (nie powinieneś solić, ale dodaj trochę, jeśli uważasz, że potrzebujesz).

6. Dodaj więcej soków do rzadszego zagęszczania (jak makaron odpocznie, wchłonie dużo płynu, a mi smakował z odrobiną nadmiaru, więc dodałam coś jeszcze). Podawać na gorąco.

Porcje zupy pieczarkowo-buraczkowej

Porcje: 4

Czas gotowania: 40 minut

Składniki:

2 łyżki oliwy z oliwek

1 posiekana żółta cebula

2 buraki, obrane i pokrojone w dużą kostkę

1 funt białych pieczarek, pokrojonych w plasterki

2 posiekane ząbki czosnku

1 łyżka koncentratu pomidorowego

5 szklanek bulionu warzywnego

1 łyżka posiekanej natki pietruszki

Adresy:

1. Rozgrzej garnek z olejem na średnim ogniu, dodaj cebulę i czosnek i smaż przez 5 minut.

2. Dodać pieczarki, wymieszać i smażyć jeszcze przez 5 minut.

3. Dodać buraki i pozostałe składniki, doprowadzić do wrzenia i gotować na średnim ogniu przez kolejne 30 minut, od czasu do czasu mieszając.

4. Nalej zupę do miseczek i podawaj.

Informacje żywieniowe:Kalorie 300, Tłuszcz 5, Błonnik 9, Węglowodany 8, Białko 7

Klopsiki z kurczaka z parmezanem Składniki:

2 funty mielonego kurczaka

3/4 szklanki bezglutenowej bułki tartej panko panko będzie dobrze działać

1/4 szklanki drobno posiekanej cebuli

2 łyżki posiekanej natki pietruszki

2 posiekane ząbki czosnku

wstań i idź 1 mała cytryna około 1 łyżeczka 2 jajka

3/4 szklanki startego sera Pecorino Romano lub parmezanu 1 łyżeczka prawdziwej soli

1/2 łyżeczki ostro mielonego ciemnego pieprzu

1 kwarta pięciominutowego sosu marinara

4-6 uncji chrupiącej mozzarelli

Adresy:

1. Rozgrzej piec do 400 stopni, umieszczając ruszt w górnej jednej trzeciej brojlerów. W dużej misce wymieszaj wszystko oprócz marinara i mozzarelli. Delikatnie wymieszaj rękoma lub dużą łyżką. Wydrążyć i uformować małe klopsiki i ułożyć na blasze wyłożonej folią. Umieść klopsiki naprawdę blisko

siebie na talerzu, aby do siebie pasowały. Na każdy klopsik wlej około pół łyżki sosu. Podgrzewać przez 15 minut.

2. Wyjmij klopsiki z pieca i zwiększ temperaturę brojlera, aby ugotować. Wlej dodatkowe pół łyżki sosu na każdy klopsik i udekoruj małym kwadratem mozzarelli. (Ja kroję lekkie kawałki na kawałki o boku około 1 cala.) Grilluj jeszcze 3 minuty, aż cheddar zmięknie i stanie się błyszczący. Na wierzchu dodatkowy sos. Doceniane!

Pulpety Alla Parmigiana Składniki:

Do klopsików

1,5 funta mielonego hamburgera (80/20)

2 łyżki ostrej pietruszki, posiekanej

3/4 szklanki rozdrobnionego sera parmezan cheddar

1/2 szklanki mąki migdałowej

2 jajka

1 łyżeczka formy soli

1/4 łyżeczki mielonego ciemnego pieprzu

1/4 łyżeczki czosnku w proszku

1 łyżeczka suszonych kropli cebuli

1/4 łyżeczki suszonego oregano

1/2 szklanki letniej wody

Do Parmigiany

1 szklanka zwykłego sosu keto marinara (lub dowolnego zakupionego lokalnie niesłodzonego sosu marinara)

4 uncje sera mozzarella cheddar

Adresy:

1. Połącz wszystkie klopsiki w dużej misce i dobrze wymieszaj.

2. Uformuj piętnaście 2-calowych klopsików.

3. Przygotuj w 350 stopniach (F) przez 20 minut LUB smaż na dużej patelni na średnim ogniu, aż się ugotuje. Ace Tip: Spróbuj obsmażyć w oleju bekonowym, jeśli go masz, to dodaje kolejny stopień smaku. Fricasseing tworzy jasne, ciemne cieniowanie, które pojawia się na powyższych fotografiach.

4. Parmigiana:

5. Ułóż ugotowane klopsiki w naczyniu nadającym się do gotowania na kuchence.

6. Na każdy klopsik wlej około 1 łyżkę sosu.

7. Posmaruj po około 1/4 uncji sera cheddar mozzarella.

8. Gotuj w temperaturze 350 stopni (F) przez 20 minut (40 minut, jeśli klopsiki są ustawione) lub do momentu, aż ser cheddar będzie gorący.

9. W razie potrzeby udekoruj świeżą pietruszką.

Chleb Z Piersi Indyka Z Zapiekanymi Warzywami

Porcje: 4

Czas gotowania: 45 minut

Składniki:

2 łyżki niesolonego masła o temperaturze pokojowej 1 średnia dynia żołędziowa, wypestkowana i pokrojona w cienkie plasterki 2 duże złote buraki, obrane i pokrojone w cienkie plasterki ½ średniej żółtej cebuli, cienko pokrojone

½ bez kości, ze skórą piersi indyka (1 do 2 funtów) 2 łyżki miodu

1 łyżeczka soli

1 łyżeczka kurkumy

¼ łyżeczki świeżo zmielonego czarnego pieprzu

1 szklanka bulionu z kurczaka lub bulionu warzywnego

Adresy:

1. Rozgrzej piekarnik do 400 ° F. Nasmaruj blachę do pieczenia masłem.

2. Ułóż dynię, buraki i cebulę w jednej warstwie na blasze do pieczenia. Ułożyć indyka skórą do góry. Skropić miodem.

Doprawiamy solą, kurkumą i pieprzem i zalewamy bulionem.

3. Piecz, aż indyk zarejestruje temperaturę 165 ° F w środku za pomocą termometru z natychmiastowym odczytem, od 35 do 45 minut. Wyjąć i odstawić na 5 minut.

4. Pokrój i podawaj.

Informacje żywieniowe:Kalorie 383 Tłuszcz ogółem: 15 g Węglowodany ogółem: 25 g Cukier: 13 g Błonnik: 3 g Białko: 37 g Sód: 748 mg

www.ingramcontent.com/pod-product-compliance
Lightning Source LLC
Chambersburg PA
CBHW070403120526
44590CB00014B/1242